Ella Kensington

Glücksmomente

Ella Kensington

Glücksmomente

Die Grundregeln des Glücks

Ella Kensington Verlag

Die Deutsche Bibliothek – CIP-Einheitsaufnahme
Ein Titeldatensatz für diese Publikation ist bei der
Deutschen Bibliothek erhältlich.

Ella Kensington
Glücksmomente: Die Grundregeln des Glücks
Reimsbach: Ella Kensington Verlag, 2005
ISBN 3-9809446-5-4

1. Auflage

Herstellung: NEUNPLUS1 GmbH, Berlin

Printed in Germany

Die Schreibweise entspricht den Regeln der neuen Rechtschreibung.

Ella Kensington im Internet: **http://www.ella.org**

Über viele Jahre
unter großen Kosten
reiste ich durch viele Länder
sah die hohen Berge
die Ozeane

Nur was ich nicht sah
war der glitzernde Tautropfen
im Gras gleich vor meiner Tür

Rabindranath Tagore
(Bengalischer Dichter)

Inhalt

Eine Bemerkung vorab	9
Glücksmomente	11
Urwaldgefühle	16
Vom Urwald in die Zivilisation	35
Der leichteste Weg	68
Wenn du andere magst	71
Wenn dich andere mögen	86
Fühl dich wie zu Hause!	105
Das Glück, sich einzubringen	119
Glückliche Entscheidungen	129
Wachsam für Glücksmomente	136
Was wäre anders gewesen?	139
Die Neubeurteilung des Passens	162
Die Neubeurteilung des Erwünschtseins	170
Die Neubeurteilung der Freiheit	174
Die Neubeurteilung des Einbringens	176
Kurzbeschreibung der Neubeurteilung	180
Glückspotenziale	181
Umsetzungs-Support	194
Buchbestellung	198
Kontakt	199
Bereits erschienene Bücher	201

Eine Bemerkung vorab

„Ella Kensington" ist ein Markenname und steht für eine internationale Beratergruppe, die ein einfach zu erlernendes und vielfach erprobtes Glückskonzept anbietet.

Alle Glückstrainer bei Ella Kensington haben etwas gemeinsam: eine fundierte Ausbildung, hohe Qualitätsstandards, Spaß an der Arbeit und den Wunsch, das Konzept, das ihnen selbst zu einem glücklichen Leben verholfen hat, an andere Menschen weiterzugeben.

Ich bin übrigens Bodo und freue mich sehr darüber, dass du mein Buch liest. Ich hoffe, es ist für dich in Ordnung, dass ich dich mit „du" anrede. Ich stelle mir beim Schreiben immer vor, mit einem guten Freund zu reden. Diese Vorstellung bestimmt auch den Schreibstil dieses Buches, das ganz und gar der praktischen Umsetzung unseres Glückskonzeptes gewidmet ist.

Ich möchte dich dazu einladen, dich durch die verschiedenen Übungen führen zu lassen und damit das zu erleben, was bereits mehrere Tausend Seminarteilnehmer mit unserem Glückskonzept erlebt haben: Glücksgefühle auf einem Niveau, das sie zuvor kaum für möglich hielten.

Um dieses Glücksniveau zu erreichen, genügt es nicht, dieses Buch nur zu lesen. Es will erlebt werden! Die einzelnen Übungen sind sehr einfach und erfordern lediglich ein wenig Phantasie.

Ich freue mich, dich dabei begleiten zu dürfen, und wünsche dir viele intensive Glücksmomente beim Erleben dieses Buches.

Bodo

Glücksmomente

Du kennst sicher den Ausdruck: „Ich habe den Wald vor lauter Bäumen nicht gesehen!" Dieses Phänomen taucht immer dann auf, wenn wir zu intensiv in ein Geschehen involviert sind.

In solch einem Moment gilt es, erst einmal wieder Abstand zu gewinnen, um das Geschehen neu zu betrachten. Oft ist es dazu sogar sinnvoll, eine völlig unrealistische Perspektive einzunehmen.

Genau das möchte ich dir vorschlagen, um den Grundregeln des Glücks auf die Spur zu kommen. Hast du Lust auf ein kleines „unrealistisches" Gedankenexperiment?

Dann stell dir einmal vor, Scotty vom Raumschiff Enterprise will dir zum Geburtstag einen Gefallen tun und dich für ein Wochenende direkt ins Paradies beamen, wo alle Menschen sich gegenseitig mögen und den ganzen Tag miteinander glücklich sind. Scotty will dich mit diesem Geschenk überraschen und bittet dich, dir zunächst die Augen und Ohren zuzuhalten.

Das Problem ist nur, dass du im Paradies direkt in einem riesigen Haufen Elefantenscheiße landest. Auch im Paradies müssen die Elefanten natürlich mal aufs Klo! ☺

Du sitzt also in diesem riesigen Haufen und hältst dir die Augen und Ohren zu. Der Gestank steigt dir in die Nase. Wärst du in diesem Moment glücklich?

Wie wäre es, wenn du dann die Augen aufmachst und siehst, dass überall um dich herum glückliche Menschen sind, die dich mit offenen Armen empfangen. Alle deine Freunde hat Scotty ebenfalls hergebeamt. Sie freuen sich unheimlich, dich zu sehen, und begrüßen dich überglücklich. Wärst du in diesem Moment glücklich? Schon eher, oder? ☺

Plötzlich laufen alle Leute weg wie von der Tarantel gestochen und lassen dich allein zurück. Vor dir taucht ein riesiger Tiger auf, der wild fauchend seine Zähne fletscht. Wärst du in diesem Moment glücklich?

Im nächsten Moment springt der Tiger dich an und fängt an, mit dir zu schmusen. Du bist nämlich im Paradies. Da gibt es natürlich nur ganz liebe Tiger. Der Tiger schnurrt wie ein Kätzchen und spielt ganz vorsichtig mit dir. Deine Freunde und all die anderen tollen Leute im Paradies kommen lächelnd wieder zurück und spielen ebenfalls mit dem braven Tier. Sie wussten natürlich, dass der Tiger dir nichts tun würde. Sie wollten mit ihrer Flucht nur einen Spaß machen und dir ein außergewöhnliches Erlebnis zukommen lassen.

Wärst du in diesem Moment glücklich?

Kurz darauf kommt eine Durchsage von Scotty über Funk, dass dein Partner, mit dem du seit Monaten schon mächtig Beziehungsstress hattest, dich verlassen hat. Wärst du in diesem Moment glücklich?

Nach dieser Nachricht drehst du dich traurig um und schaust plötzlich in die wundervollsten Augen, die du je in deinem Leben gesehen hast. Du spürst aus dem innersten Kern deines Wesens, dass du dem Menschen gegenüberstehst, nach dem du schon dein gesamtes Leben gesucht hast. Wärst du in diesem Moment glücklich?

Zwei Dinge können wir aus dieser Geschichte lernen:

1. Auch im Paradies gibt es Scheiße! ☺
2. Das Glück begegnet uns immer in Glücksmomenten!

Schauen wir uns diesen Sachverhalt noch einmal etwas realistischer an. Denk einmal an eine Zeit zurück, in der du total glücklich verliebt warst. Im ersten Moment sieht es vielleicht so aus, als hättest du dich die gesamte Zeit über ununterbrochen gleichmäßig glücklich gefühlt. Doch wie war es, wenn du genau hinschaust? War dein Glück in Wirklichkeit nicht eher eine gigantische Anhäufung von einzelnen Glücksmomenten als ein Dauerzustand?

Das würde bedeuten, dass es gelegentlich auch mal Momente gab, in denen du dich nicht so gut fühltest. Vielleicht hast du zum Beispiel zwischendurch auch mal Angst gehabt, dass es mit der neuen Beziehung schief gehen könnte. Oder du warst dir mal kurz nicht ganz sicher, ob dein Schatzi es genauso ernst meint wie du? Vielleicht hast du dir auch mal kurz Sorgen gemacht, ob deine Freunde deine neue Liebe genauso mögen würden wie du.

Natürlich kann es auch andere Probleme in deinem Leben gegeben haben, die gar nichts mit der neuen Liebe zu tun hatten. Vielleicht hattest du auch mal Stress auf der Arbeit.

Klar, aufgrund deiner neuen Liebe hast du diesen Stress locker weggesteckt. Und dennoch gab es auch diese Momente, in denen du dich nicht so gut fühltest. Sie waren nur kürzer als gewöhnlich in dieser Zeit. Die Glücksmomente überwogen die unglücklichen bei weitem. Deshalb hast du zurückblickend das Gefühl, dass du ununterbrochen glücklich warst.

Wir sind natürlich nur glücklich, wenn wir uns auch glücklich fühlen. Unsere Gefühle werden durch ganz bestimmte Glückshormone ausgelöst, die maximal ein paar Minuten lang in unserem Körper ihre Wirkung tun. Danach brauchen wir einen neuen Glücksmoment, wenn wir uns weiterhin glücklich fühlen wollen. Lange anhaltendes Glück ist damit eine Aneinanderreihung von Glücksmomenten und kein Dauerzustand.

Sind wir für diese Momente jedoch blind und taub, wie in unserer Geschichte mit dem Paradies und dem Elefantenhaufen, erleben wir auch keine Glücksgefühle. Es wäre daher sinnvoll, all die vielen Glücksmomente, die uns in unserem Leben begegnen könnten, auch wirklich zu erkennen. Und es wäre sinnvoll, möglichst viele von diesen Glücksmomenten in unser Leben zu ziehen.

Und genau darum geht es in diesem Buch. Wir werden uns damit beschäftigen, woran wir all die vielen kleinen Glücksmomente im Leben erkennen und sie noch weiter vermehren können. Dazu werden wir als Erstes eine Art emotionale Basis schaffen, von der aus wir den Gipfel des Glücks erklimmen wollen. Wenn man den Mount Everest besteigen will, schlägt man auch erst einmal ein Basislager auf. Das Gleiche können wir im nächsten Kapitel gemeinsam tun.

Von dieser Basis aus wird es dir leicht fallen, dein alltägliches Glücksempfinden auf ein deutlich höheres Niveau zu bringen.

Ich freue mich darauf, dein emotionaler Bergführer zu sein.

Urwaldgefühle

Stell dir einmal vor, vor dir befänden sich zwei offene Torbögen, durch die man in zwei verschiedene Welten hineinsehen kann. Das linke Tor führt zu einer kleinen Gruppe von Menschen, die in einer rauen Urwald-Welt lebt, das rechte in unsere moderne Zivilisation. Du stehst vor diesen beiden Torbögen und kannst in die beiden Welten hineinschauen.

Die klimatischen Bedingungen beider Welten stimmen mit den Bedingungen im deutschsprachigen Raum überein. Das bedeutet, dass es im Winter im Urwald auch mal richtig kalt werden wird.

Die Menschen in dieser linken Welt wohnen deshalb in Höhlen, die ihnen Schutz vor Regen und Kälte bieten.

Stell dir vor, die Gruppe, die du durch das Urwaldtor hindurch siehst, besteht alles in allem aus etwa vierzig bis fünfzig Leuten.

Stellen wir diese Gruppe einmal gemeinsam zusammen. Nimm dir als Erstes einmal etwa fünf Leute aus deinem Bekanntenkreis, mit denen du ein eher freundschaftliches Verhältnis pflegst. Du musst dich nicht in aller Ausführlichkeit entscheiden, wen du in diese Welt mitnimmst. Nimm einfach wahllos fünf Leute.

Nimm dir als nächstes ungefähr zehn Leute, die du als gute Bekannte bezeichnen würdest. Dabei sollten ein paar nette und ein paar weniger nette Zeitgenossen sein, damit unser Gedankenspiel richtig funktioniert.

Jetzt nimm deine Verwandtschaft hinzu. Auch dabei solltest du ein paar nette und ein paar weniger nette Verwandte nehmen.

Nimm weiterhin deinen Partner hinzu, wenn du einen hast.

Dann kommen noch ein paar deiner Arbeitskollegen und Vorgesetzten hinzu. Auch hier gibt es nette und nicht so nette Kollegen und Vorgesetzte.

Als Letztes brauchen wir noch ein paar Nachbarn und weitläufige Bekannte. Such dir dazu noch einmal etwa zehn Leute aus, die mehr oder weniger sympathisch sind.

Schau also bitte noch einmal durch das linke Tor hindurch und stell dir diese Gruppe vor, wie sie mitten im Urwald in ihren Höhlen lebt.

Ansonsten gibt es keine anderen Menschen in eurer Gegend. Ihr seid die Einzigen, die hier im Urwald leben.

Der Eingang zu euren Höhlen liegt immer etwas erhöht im Fels. Das heißt, man muss ein paar Meter den Felsen hinaufklettern, um ins Innere der jeweiligen Höhle zu gelangen. Dies bietet euch einen relativ guten Schutz vor den wilden Tieren des Urwalds.

Genau wie in einer großen Firma gibt es auch in eurer Gruppe eine klare Hierarchieordnung. So gibt es hier natürlich auch einen Anführer, es gibt eine „First Lady“, dann gibt es die rechte und linke Hand des Chefs, die ein hohes Ansehen genießen und damit ganz oben in der Rangordnung stehen. Weiterhin gibt es ein paar gute Jäger, die durch ihre überragenden Fähigkeiten hoch angesehen werden, und natürlich auch ein paar geniale Köche, die das gejagte Wild hervorragend zubereiten können.

Natürlich gibt es in dieser Gruppe nicht nur fähige Leute. Es gibt auch einige, denen man durchaus zutraut, Wasser holen zu gehen – mehr jedoch nicht!

Und dann gibt es natürlich auch noch wie überall den Dorftrottel, der nichts, aber auch gar nichts auf die Reihe kriegt und mit dem auch niemand befreundet sein möchte.

Gehen wir einmal davon aus, der Chef in deiner Firma wäre auch hier der Anführer. Wenn du keinen Chef hast, dann such dir einfach einen Anführer aus.

Natürlich wird die Rangordnung in deiner Gruppe gelegentlich neu festgelegt. Wann immer jemand Schwächen zeigt, die er zuvor nicht hatte, könnte es passieren, dass die genaue Rangordnung neu abgesteckt wird.

Sollte dein Chef in dieser Welt dem Druck nicht standhalten können, ist er ganz schnell abgelöst.

Es wird also immer wieder mal zu Auseinandersetzungen kommen. Meistens werden diese jedoch ohne körperliche Gewalt ausgetragen. Es werden hauptsächlich Streitgespräche geführt, in denen man versuchen wird, das eigene Ansehen in der Gruppe zu steigern und das des Widersachers zu untergraben.

Natürlich kann es bei solchen Auseinandersetzungen auch mal zu Rangeleien kommen. Die meisten dieser Rangeleien würden jedoch relativ harmlos ablaufen. Wirklich gefährlich wären vor allem Auseinandersetzungen mit dem Anführer. Er muss seine Position verteidigen und darf keinen Zweifel daran aufkommen lassen, dass er die Gruppe mit starker Hand führen kann. Viel zu groß wäre für ihn die Gefahr, dass er sein Ansehen verliert und es sozusagen eine Meuterei gibt, bei der er aus der Gruppe verbannt würde. Wirklich sicher kann sich also auch der Anführer in dieser Welt nicht fühlen. Er muss immer auf der Hut sein und sein Gesicht wahren.

Ein Herausforderer müsste aus diesem Grund damit rechnen, dass er vom Anführer besiegt und aus der Gruppe verbannt würde. Dann hätte er allein in der Wildnis jedoch schlechte Karten. Sein Überleben wäre durch wilde Tiere und den herannahenden kalten Winter akut gefährdet.

Eine andere Menschengruppe, der er sich anschließen könnte, gibt es wie gesagt in der Nähe nicht.

Der Kampf um die höheren Ränge hat natürlich seinen Sinn. Je höher man in der Rangordnung steht, desto mehr Privilegien und Lebensqualität genießt man. Auch ist die Chance, einen tollen Partner zu finden, ungleich höher, wenn man hoch in der Rangordnung steht. Niemand will den Dorftrottel als Partner.

Was glaubst du, wen der Anführer die unbekannte Frucht essen lässt, wenn er in einem harten Winter, in dem die Gruppe zu verhungern droht, herausfinden muss, ob diese Frucht essbar oder giftig ist? Isst er sie selbst? Oder lässt er seine wichtigsten Leute die Frucht versuchen? Sicher nicht! Der Letzte in der Rangordnung muss dran glauben. Auf ihn kann die Gemeinschaft am ehesten verzichten, wenn sie am Leben bleiben will. Es versteht sich von selbst, dass niemand der Dorftrottel sein will.

Kannst du dir das Leben in dieser Welt vorstellen? Dann stell dir vor, du stehst vor den beiden Toren. Durch das linke Tor siehst du also diese Gruppe, die aus deiner Familie, deinen Freunden, guten und weitläufigen Bekannten und Arbeitskollegen besteht.

Durch das rechte Tor siehst du die moderne Zivilisation von heute, in der wir alle leben. Was wäre hier anders? Du hast hier die gleichen Leute wie in deiner Urwald-Welt. Da sind also wieder deine Freunde, deine Familie, gute und weitläufige Bekannte und deine Arbeitskollegen. Sie alle halten sich jedoch nicht am gleichen Ort auf. Sie verbringen ihre Zeit in ihren Wohnungen, ihren Büros oder anderswo, wo du sie treffen kannst.

Natürlich gibt es außer diesen fünfzig Leuten auch noch viele andere Menschen in dieser Welt, fremde und bekannte. Da ist zum Beispiel die Wurstfachverkäuferin im Supermarkt gleich um die Ecke, die du vermutlich nicht in deiner Urwald-Gruppe dabei hattest. Oder die Leute, die du auf der Party eines Freundes kennen gelernt hast. Da sind einige Leute in der Fußgängerzone, denen du immer wieder mal begegnest, und viele Menschen, denen du zuvor noch nie begegnet bist. Weiterhin sind hier all die Menschen, die du durch deinen Beruf kennen gelernt hast und noch kennen lernen wirst.

Stell dir vor, wie viele Menschen es in dieser Welt gibt, die du alle kennen lernen könntest. Du hast in deinem Leben schon viele Freunde und vielleicht auch einige Partner gehabt. Kannst du dir vorstellen, dass es in der modernen Zivilisation noch ein paar weitere Menschen geben könnte, die zu Freunden oder Partnern werden könnten?

Vor hundert Jahren lernten die Menschen ihre Freunde und ihren Partner meistens noch im eigenen Dorf kennen. Heute sind wir mit aller Welt so stark vernetzt, dass wir praktisch jeden Menschen auf unserem Globus kennen lernen könnten, wenn wir Lust und Zeit dazu haben. Wir können mit Freunden auf der anderen Seite der Welt täglich telefonieren oder per E-Mail in Kontakt bleiben. Auch gibt es Flugzeuge, mit denen wir gigantische Entfernungen überbrücken können.

Es gibt über sechs Milliarden Menschen auf der Welt. Viele dieser Menschen könnten sicherlich zu Freunden werden, wenn wir die Zeit hätten, sie kennen zu lernen und die Freundschaft mit ihnen zu pflegen.

Kurz: Im Gegensatz zur Urwald-Welt ist die zivilisierte Welt also voller Menschen. Aus all diesen vielen Menschen hast du dir deine Freunde und Bekannten ausgesucht. Die ganze Welt steht dir offen, um die Menschen zu finden, die zu dir passen. Das ist der erste Unterschied, der auffällt, wenn du durch das Tor zur Zivilisation schaust.

Aber es gibt noch mehr Unterschiede. Es gibt in deinem Umfeld natürlich keine wilden Tiere mehr, die dir gefährlich werden könnten. Diese kannst du in der Zivilisation nur im Zoo oder im Zirkus sehen.

Die Winter sind zwar genauso kalt wie im Urwald, aber auch hier gibt es einen bemerkenswerten Unterschied: Es gibt Wohnungen, die man beheizen kann. Angst zu erfrieren hat in der Zivilisation kaum jemand – noch nicht einmal dann, wenn man seine eigene Wohnung verliert. Selbst dann könnte man noch bei seiner Familie oder bei Freunden unterkommen oder zur Not in einem Obdachlosenasyl übernachten. Das wäre sicherlich nicht sehr angenehm, aber man würde nicht erfrieren.

Stell dir vor, wie die Menschen in dieser Welt zusammen leben – wie sie im Winter in ihren warmen Wohnungen sitzen und ganz selbstverständlich die leckersten Südfrüchte essen, wie sie im Sommer an Baggerseen oder am Strand liegen und es sich gut gehen lassen. Sieh sie an ihren Arbeitsplätzen und beim Ausüben ihrer Hobbys.

Auseinandersetzungen mit anderen Menschen werden übrigens in der Zivilisation sehr viel seltener auf körperlicher Ebene ausgetragen als in der Urwald-Welt. So haben wir im Büro von unserem Chef wohl kaum körperliche Gewalt zu befürchten, wenn wir nicht tun, was er möchte. In der Urwald-Welt wäre ich mir da nicht so sicher!

In der modernen Zivilisation wäre es mehr als unrealistisch, dass der Chef einen Mitarbeiter mit körperlicher Gewalt dazu zwingen könnte, eine unbekannte und möglicherweise giftige Frucht zu essen. Auch könnte der Chef keinen Mitarbeiter in die Wildnis verbannen, wo die wilden Tiere auf ihn lauern.

Die Welt der modernen Zivilisation ist damit deutlich anders als die Welt unserer Gruppe im Urwald.

Schauen wir uns einmal an, welche Auswirkungen dieser Unterschied auf deine Gefühle haben müsste. Wir gehen dazu einfach einmal ein paar Situationen durch, wie sie im Urwald und in der modernen Zivilisation ablaufen könnten.

Stell dir also noch einmal vor, du stehst vor den beiden Toren, die in beide Welten führen. Du kannst beide Welten durch die Tore hindurch sehen.

Wenden wir uns zunächst einmal der Urwald-Welt zu. Du siehst dort deine Gruppe in euren Höhlen, wo der Anführer ein straffes Regiment führt.

Geh jetzt einmal in Gedanken durch dieses Tor hindurch zu deiner Gruppe. Stell dir dabei vor, wie folgende Situation in dieser Welt ablaufen würde:

Du wirst zum Anführer gerufen. Dieser eröffnet dir ohne Angabe von Gründen und sehr bestimmt, dass du in der gesamten Umgebung die Exkremente deiner Gruppenmitglieder aufsammeln und beseitigen musst. Er lässt keinen Zweifel daran, dass er es ernst meint. Notfalls würde er dich dazu zwingen, wenn du nicht tust, was er verlangt. Er darf natürlich sein Gesicht vor den anderen aus der Gruppe nicht verlieren. Deshalb wird er auf jeden Fall dafür sorgen, dass getan wird, was er sagt.

Wie würdest du dich in diesem Moment fühlen? Wärst du unsicher? Oder würdest du dich sogar ausgeliefert fühlen? Wärst du vielleicht wütend wegen dieser Ungerechtigkeit? Würdest du überlegen, wer dir da einen reindrücken wollte? Würdest du dir Sorgen machen, dass der Anführer plötzlich aus irgendeinem Grund persönlich etwas gegen dich hat? Würdest du dir Sorgen darüber machen, dass die anderen über dich lachen, wenn du überall die Scheiße aufsammeln musst?

Wie würdest du dich also fühlen? Und was solltest du jetzt tun? Dich gegen ihn auflehnen? Im Angesicht seiner Macht durch seine linke und rechte Hand hättest du gegen ihn keine Chance. Du könntest nur tun, was er verlangt, oder freiwillig die Gruppe verlassen und allein in der Wildnis leben. Was wäre mit all deinen Freunden, die du zurücklassen müsstest? Was wäre mit deinem Partner, den du vor den Konflikt stellen würdest, mit dir zusammen die Gruppe zu verlassen oder dich allein weggehen zu lassen?

Merk dir einmal das Gefühl, das du in dieser Situation im Urwald hättest. Geh dann wieder hinaus aus dieser Welt und lass deine Gefühle wieder neutral werden. Wir treffen uns dann wieder vor den beiden Toren.

Ich vermute einmal, dass du dich in dieser Situation nicht wirklich wohl gefühlt hättest, oder?

Schauen wir uns den gleichen Sachverhalt einmal in der modernen Zivilisation an. Stell dir auch diese Welt jetzt möglichst plastisch vor. Du siehst durch das rechte Tor hindurch alle deine Freunde und Bekannten. Sieh deine Familie, deine Kollegen auf der Arbeit und die vielen Menschen, die du noch kennen lernen könntest. Viele von diesen Menschen sind deine Freunde oder könnten es noch werden. Viele von diesen Menschen interessieren sich für dich und du dich für sie. Und während du all diese Menschen siehst, denkst du daran, dass es in dieser Welt, in der du lebst, Gesetze gibt, die das soziale Miteinander regeln. Kein Chef könnte einen Mitarbeiter mit körperlicher Gewalt zu etwas zwingen, wie es in der Urwald-Welt möglich wäre. Hier geht alles sehr viel zivilisierter vor sich. Stell dir einmal vor, du würdest in einem Großraumbüro arbeiten. Stell dir die Büroräume bildhaft vor. Sieh dort ein paar Kollegen und deine Vorgesetzten.

Ruf dir noch einmal ins Bewusstsein, dass es außerhalb des Büros noch eine ganze große Welt gibt mit vielen anderen Büros, in denen du ebenfalls arbeiten könntest. Außerdem würdest du, falls du deinen Job verlierst, eine ganze Weile Arbeitslosengeld oder sonst irgendeine finanzielle Unterstützung bekommen. Zur Not wären vermutlich auch noch deine Familie oder deine Freunde für dich da. Deine Freunde würdest du natürlich nicht verlieren, nur weil es auf deiner Arbeit mal Probleme gab. Ebenfalls würdest du sie behalten, wenn du deinen Job verlieren solltest.

Deine Lebensqualität hängt außerdem sicherlich nicht allein davon ab, dass du in diesem Büro arbeitest. Es gibt viele Möglichkeiten, auch mit weniger Geld mit deinen Freunden oder deinem Partner schöne Dinge zu erleben.

Vielleicht warst du ja schon einmal Student oder Lehrling und hattest nicht sehr viel Geld. Trotzdem hattest du in dieser Zeit sicherlich viele schöne Momente mit deinen Freunden.

Halte dir das im Bewusstsein, wenn du durch das Tor zur Zivilisation ins Büro gehst.

Und jetzt schauen wir uns einmal an, wie die gleiche Situation in der modernen Zivilisation ablaufen würde.

Stell dir also das Büro von vorhin noch einmal bildhaft vor. Geh durch das Tor hindurch in das Büro.

Einer deiner Arbeitskollegen richtet dir aus, dass du zum Abteilungsleiter kommen sollst.

Wie würdest du dich in dem Moment fühlen, während dir noch bewusst ist, dass dein Lebensglück nicht von diesem Job abhängt?

Dein Chef eröffnet dir, ohne dir einen Grund dafür zu nennen, dass du ab sofort das Büroklo putzen musst.

Wie würdest du dich hier fühlen? Wärst du verängstigt oder eher amüsiert? Müsstest du jetzt wirklich das Klo putzen? Könnte dich der Abteilungsleiter mit körperlicher Gewalt dazu zwingen? Könnte er dir drohen, dich in die Wildnis zu verbannen, wo du verhungern und erfrieren wirst? Könnte er dich von deinen Freunden oder gar von deinem Partner isolieren?

Was könntest du in dieser Situation tun? Du könntest zum Beispiel erst einmal zum nächsthöheren Vorgesetzten deines Abteilungsleiters gehen und ihn fragen, was er von den Ideen deines Chefs hält.

Oder du würdest erkennen, dass dein Chef ein lockerer Typ ist, der einfach nur mal einen Scherz gemacht hat. Alles andere wäre als Erklärung für die Anweisung des Abteilungsleiters in unserer heutigen Zeit völlig unrealistisch.

Wie würdest du dich in dieser Situation in der Zivilisation fühlen, wenn du deinem Chef gegenüberstehst?

Merk dir bitte auch einmal dieses Gefühl, und komm zurück zu unserem Treffpunkt vor den beiden Toren.

Wie du siehst, würde die gleiche Situation in der Zivilisation völlig andere Gefühle auslösen als im Urwald.

Und jetzt erinnere dich bitte einmal daran, wie du dich tatsächlich schon einmal in solch einer Situation gefühlt hast. Sicherlich wurdest du schon einmal von deinem Chef ungerecht behandelt.

Wenn du noch nie einen Chef hattest, dann war es vielleicht ein Lehrer, ein Trainer oder deine Eltern.

Kannst du dich daran erinnern, wie du dich in dieser wirklichen Situation gefühlt hast? Hast du dich eher so gefühlt wie in der Zivilisation oder eher so wie im Urwald?

Nehmen wir noch eine andere Situation. Du siehst wieder durch das Urwald-Tor hindurch deine Gruppe. Hier sind alle Menschen, die du kennst und die du magst. Und hier sind alle, die dich mögen. Außer deiner Gruppe gibt es ja sonst niemanden hier im Urwald!

Wie du weißt, gibt es in dieser Welt eine klare Rangordnung. Fähige Leute stehen hier höher im Ansehen als unfähige. In dieser Welt etwas auf die Reihe zu kriegen, ist nicht nur aus sportlichen Gesichtspunkten erstrebenswert. Wer hier nichts leistet, läuft Gefahr, zum Dorftrottel zu werden. Und mit dem Dorftrottel will niemand befreundet sein. Ganz abgesehen davon, dass der Dorftrottel bei Gefahr als Erster verheizt wird.

Heute ist dein Geburtstag. Außer deinen Freunden hast du noch ein paar andere Leute zum Essen eingeladen, bei denen du einen guten Eindruck machen willst. So sind zum Beispiel der Anführer mit seiner First Lady dabei sowie einige andere wichtige Leute. Stell dir vor, du gehst wieder in diese Welt hinein.

Wie immer in solch einer Situation geht alles schief. Du versaust den Wildschweinbraten, nach allen Regeln der Kunst! Er ist angebrannt und völlig ungenießbar. Jetzt musst du allen Leuten die frohe Botschaft überbringen.

Wie würdest du dich in dieser Situation fühlen? Merk dir dein Gefühl und komm zurück zu unserem Treffpunkt vor den beiden Toren. Lass deine Gefühle dann wieder neutral werden.

Schauen wir uns jetzt einmal die Welt der modernen Zivilisation an. Du siehst bereits von unserem Treffpunkt aus durch das rechte Tor hindurch die vielen Menschen, die es in dieser Welt gibt. Du siehst alle deine Freunde und all die vielen Menschen, die noch zu Freunden werden könnten. Diese Welt ist voll davon.

Ruf dir weiterhin ins Bewusstsein, warum deine Freunde dich eigentlich mögen. Mögen sie dich, weil sie dich gelegentlich gut gebrauchen können, oder mögen sie dich, weil sie einfach gerne mit dir zusammen sind?

Würdest du überhaupt Freunde als solche bezeichnen, die dich nur mögen, solange du für sie nützlich bist? Ich denke, wohl eher nicht!

Es gibt so viele Menschen auf diesem Globus, dass du dir deine Freunde aussuchen kannst. Und du würdest dir sicherlich niemanden aussuchen, der dich nicht wirklich mag, sondern dich nur benutzen will.

Würdest du deinen Freunden die Freundschaft kündigen, wenn sie nicht gut kochen können? Sicherlich nicht. Und ebenso wenig würden deine Freunde das mit dir tun. Für eure Freundschaft – wenn sie diesen Namen verdient – ist es sicherlich nicht wirklich wichtig, ob ihr gut kochen könnt. Hier zählt sicher mehr die Geste, wenn jemand für einen anderen kocht.

Dann geh jetzt bitte durch das Tor hindurch in die moderne Zivilisation. Auch in dieser Welt hast du gerade Geburtstag. Und auch hier hast du alle deine Freunde zum Essen eingeladen. Und auch hier versaust du es! Das Essen ist angebrannt.

Musst du dir jetzt Sorgen machen, dass dich alle deine Freunde nicht mehr mögen, nur weil das Essen angebrannt ist? Besteht deshalb jetzt tatsächlich die Gefahr, dass du der Dorftrottel wirst? Besteht die Gefahr, dass dich niemand mehr mag, weil man dein Essen nicht genießen kann? Oder besteht nur die Gefahr, dass du das nächste Mal wieder eingeladen wirst?! ☺

Vermutlich würdest du gleich beim Pizzanotdienst anrufen, der Abend wäre gerettet und dein Freundeskreis um eine lustige Anekdote reicher.

Wie fühlst du dich also in dieser Situation in der modernen Zivilisation? Merk dir bitte dieses Gefühl und komm zurück zu unserem Treffpunkt vor die beiden Tore.

Möglicherweise hast du schon einmal für Freunde gekocht und keinem hat es geschmeckt. Wenn nicht, hast du sicherlich schon einmal irgendetwas anderes für deine Freunde getan, das in die Hose ging. Erinnere dich bitte einmal an solch eine Situation. Wie hast du dich damals gefühlt? Eher so wie in der Welt der modernen Zivilisation oder eher so wie im Urwald?

Nehmen wir noch eine dritte Situation hinzu, um diesem Sachverhalt auf den Grund zu gehen. Dieses Mal geht es um Kritik.

Stell dir wieder vor, vor den beiden Toren zu stehen. Du wirst gleich durch das linke Tor zu deinen Leuten im Urwald gehen. Wie du weißt, ist es hier sehr wichtig, dass man im Ansehen der Gruppe weit oben steht. Dazu ist es notwendig, für die Gruppe nützlich zu sein.

Geh also bitte wieder in die Urwald-Welt hinein. Hier kommen dir gleich zwei Vertreter deiner Gruppe aufgeregt entgegen. Sie machen dir klar, dass dein Beitrag für die Gemeinschaft äußerst dürftig ist. Sie bezeichnen deine Verhaltensweise sogar als Gefahr für die ganze Gruppe.

Wie würdest du dich in der Urwald-Welt in dieser Situation fühlen? Würden es deine Gefühle zulassen, dass du diese Kritik überprüfen könntest und sie gegebenenfalls auch als Anregung und damit als wertvolles Feedback verstehen könntest? Oder würdest du dich einfach nur angegriffen fühlen und um dein Ansehen in der Gruppe fürchten?

Merk dir das Gefühl und komm wieder vor die beiden Tore.

Schauen wir uns nun die gleiche Situation in der modernen Zivilisation an. Stell dir vor, du gingest wieder ins Büro.

Zur Erinnerung: Die gesamte Zivilisation besteht sicherlich nicht nur aus diesem Büro. Es gibt noch eine ganze große Welt außerhalb des Büros, wo es viele Menschen gibt, die dich mögen und schätzen. Und außerdem gibt es auch noch andere Büros, in denen du arbeiten könntest. Deine Freunde werden dich ohnehin weiterhin mögen, egal, was im Büro läuft. Das sollte dir im Bewusstsein bleiben.

Geh also durch das rechte Tor hindurch, das dich in die moderne Zivilisation bringt. Einige deiner Arbeitskollegen im Büro kritisieren deine Arbeit aufs Heftigste.

Könntest du dieses Mal leichter zuhören und herausfinden, ob deine Arbeit wirklich nicht in Ordnung ist? Gehen wir einmal davon aus, dass deine Kollegen Recht haben. Könntest du dann ihre Kritik besser als eine gute Anregung sehen, um deine Arbeit weiter zu verbessern? Oder würdest du dich auch hier genau wie in der Urwald-Welt nur angegriffen fühlen und versuchen, dich zu rechtfertigen?

Wie würdest du dich also in dieser Situation fühlen? Merk dir das Gefühl und komm wieder zu unserem Treffpunkt.

Erinnere dich bitte einmal an eine Situation, in der du kritisiert wurdest. Wie hast du dich damals wirklich gefühlt? Eher so wie in der Zivilisation oder eher so wie im Urwald?

Was, glaubst du, würden wir herausfinden, wenn wir uns weitere Situationen in deinem Leben anschauen, in denen du richtig schlechte Gefühle hattest?

Ich bin sicher, du hast mittlerweile gemerkt, auf was ich hinauswill. Wir würden herausfinden, dass du sehr häufig Gefühle hattest, die in einer Urwald-Welt angemessen wären, aber nicht mehr in der modernen Zivilisation.

Das geht natürlich nicht nur dir so. Fast alle Menschen in unserer modernen Zivilisation bauen ihre Gefühle sehr häufig auf einer Welt auf, die mit unserer Urwald-Welt vergleichbar ist.

Unsere Evolution hatte noch nicht genug Zeit, die menschliche Natur so weit zu entwickeln, dass wir automatisch unsere Gefühle immer auf der Welt von heute aufbauen. Was unsere Gene betrifft, leben wir immer noch in der Steinzeit, was in etwa dem Leben in unserer Urwald-Welt entsprechen würde.

Wir sollten hier also bewusst etwas nachhelfen, um unsere Gefühle auf der Welt von heute aufzubauen, was glücklicherweise sehr einfach gelingt. Man muss sich nur erinnern, in welcher Welt man tatsächlich lebt. Mehr ist nicht zu tun!

Unsere heutige Welt ist sicherlich nicht perfekt, aber es gibt deutlich weniger Gründe, sich wirklich schlecht zu fühlen, als im Urwald. Was im Urwald noch eine Katastrophe darstellte, ist heute meistens in Wirklichkeit überhaupt kein ernsthaftes Problem mehr.

Es ist daher sicherlich sehr viel sinnvoller, unsere Gefühle und unsere Verhaltensweisen auf der Wirklichkeit von heute aufzubauen, statt so zu tun, als würden wir im Urwald leben.

So kannst du deinem Chef in der Zivilisation sicherlich sehr viel gelassener und souveräner gegenüberstehen als deinem Anführer im Urwald.

Was für einen Sinn sollte es in der heutigen Zeit haben, mit Herzklopfen vor seinem Chef zu stehen und sich vor Angst in die Hose zu machen, weil der Anführer einen erschlagen oder in die Wildnis verbannen könnte?!

Ebenfalls ist es nicht sinnvoll, im Falle einer partnerschaftlichen Trennung das Gefühl zu haben, für alle Zeiten einsam zu bleiben und monatelang unter diesen Gefühlen zu leiden. Diese Illusion können wir uns sparen. Es steht uns zu, traurig zu sein. Aber sich einzureden, man wäre jetzt bis zum Ende seines Lebens einsam, das steht nur einem Urwaldmenschen zu.

Ich glaube, wir müssen uns nicht darüber unterhalten, ob es nun sinnvoll ist oder nicht, seine Gefühle auf der Wirklichkeit von heute aufzubauen. Beschäftigen wir uns lieber damit, wie wir das am einfachsten bewerkstelligen können. Wie kommen wir aus unseren Urwaldgefühlen am besten heraus? Und wie kommen wir in unsere Zivilisationsgefühle am leichtesten hinein?

Vom Urwald in die Zivilisation

Als mir bewusst wurde, dass ich emotional in einer Urwald-Welt lebte, änderte diese Erkenntnis auf einen Schlag die Sichtweise für mein gesamtes Leben. Vieles, was ich bis dahin an mir selbst, meinen Verhaltensweisen und meinen Gefühlen nicht verstanden hatte, wurde mir plötzlich sonnenklar.

Wie stark dieses Verständnis jedoch mein Glücksniveau tatsächlich nachhaltig anheben würde, ahnte ich damals nicht einmal im Entferntesten!

Ich befasste mich zu diesem Zeitpunkt schon seit 28 Jahren mit dem Erforschen der Grundregeln des persönlichen Glücks. In diesen Jahren fand ich viele Gesetzmäßigkeiten, mit denen ich mein Leben immer mehr dem Glück zuwenden konnte. Teilweise machte ich durch einige wichtige Erkenntnisse große Schritte. Doch all diese Schritte waren nichts, verglichen mit der Glückssteigerung, die ich völlig unerwartet beim Umsetzen meiner neuen Erkenntnis in meinen emotionalen Alltag erlebte.

Ich dachte damals, dass es sinnvoll wäre, im Bedarfsfall möglichst schnell aus meinen Urwaldgefühlen heraus- und in die Zivilisationsgefühle hineinzukommen. Also übte ich ein wenig.

Ich stellte mir Situationen vor, in denen ich mich für gewöhnlich eher wie ein Urwald-Mensch verhielt. Dann zog ich mich, so schnell ich konnte, in meiner Vorstellung aus der Urwald-Welt heraus und ging in die Zivilisations-Welt. Nach etwa einer Stunde intensiven Übens war ich in der Lage, mühelos und innerhalb von wenigen Sekunden den gewünschten Wechsel in meinen Gefühlen zu vollziehen.

Zufrieden mit meiner neu erworbenen emotionalen Fähigkeit, wollte ich wieder meiner täglichen Arbeit nachgehen. Erst jetzt fiel mir auf, wie unglaublich unbeschwert ich mich fühlte. Diese Unbeschwertheit hat bis heute angehalten.

Ich hatte mich bis dahin schon für einen sehr glücklichen Menschen gehalten. Nie hätte ich es für möglich gehalten, noch einmal solch einen gigantischen Sprung machen zu können.

Die neue Unbeschwertheit war dafür zwar nicht allein verantwortlich. Sie bildete jedoch eine Art emotionale Basis, die Glück auf einem weit höheren Niveau möglich machte, als ich das bisher erlebt hatte.

Wie ich bereits erwähnte, begegnet uns das Glück immer in Glücksmomenten. Sitzen wir jedoch mit zugehaltenen Augen und Ohren im Paradies, bemerken wir diese Momente nicht.

Meine neu erworbene Fähigkeit machte mich seltsamerweise plötzlich sehr viel sensibler für die schönen Momente des Lebens. Kein Glücksmoment zog an mir vorbei, ohne dass ich ihn bemerkte. Auch empfand ich mein Glück in diesen Momenten unvergleichlich stärker als vor dieser Übung.

Nach und nach wurde mir bewusst, was tatsächlich geschehen war. Ich hatte nicht nur ein bisschen geübt. Ich hatte mir die Fähigkeit angeeignet, in jeder Lebenslage aus meinen Urwaldgefühlen heraus- und in die Zivilisationsgefühle hineinzukommen. Es war nun nicht mehr nötig, mich emotional auf ein „schwieriges" geschäftliches Gespräch vorzubereiten. Auch war es überflüssig, mich auf einen eventuellen Beziehungsstress oder sonstige schwierige emotionale Situationen vorzubereiten. Ich musste mich überhaupt nicht mehr auf irgendwelche Situationen vorbereiten. Ich war ja nun in der Lage, meine Gefühle innerhalb von ein paar Sekunden auf eine emotionale Basis zu bringen, von der aus ich das Beste aus jeder Situation machen konnte.

Erst jetzt fiel mir auf, wie oft ich in der Vergangenheit damit beschäftigt gewesen war, mich auf schwierige Situationen vorzubreiten. Dadurch war ich oft blind und taub für die vielen Glücksmomente, die mir jeden Tag unzählige Male begegneten.

Ich hatte zwar theoretisch gewusst, dass das Leben viel Schönes für mich bereithielt, doch jetzt erlebte ich es auch emotional.

Besagte Fähigkeit genügt natürlich nicht allein, um dein Glücksniveau auf das beschriebene Maß anzuheben. Dazu sind über diese Fähigkeit hinaus noch die Erkenntnisse notwendig, die du aus den nachfolgenden Kapiteln herausziehen kannst.

Die Fähigkeit, innerhalb von Sekunden emotional die Welten zu wechseln, bildet jedoch die Basis für ein Leben voller intensiver Glücksmomente. Und genau diese Basis werden wir mit der nachfolgenden Übung jetzt schaffen.

Die Erfahrungen aus unseren Seminaren und Workshops haben gezeigt, dass ca. achtzig Prozent aller Teilnehmer die gewünschte Fähigkeit bereits bei einem einmaligen Durchlauf dieser Übung erwerben konnten. Solltest du zu den zwanzig Prozent gehören, für die es etwas schwieriger ist, dann mach dir keine großen Gedanken. In der Regel genügt es schon, die Übung am nächsten Tag einfach noch einmal zu wiederholen.

Ich habe in dem Buch „Glücksgefühle bis zum Abwinken" eine Glücksmethode beschrieben, die ich „So tun als ob" nannte. Diese Methode ist sehr einfach und eignet sich ganz hervorragend für den Erwerb der gewünschten Fähigkeit. Sie erfordert lediglich die Bereitschaft zu einem Gedankenspiel. Bist du bereit dazu?

Dann tu einfach einmal so, als ob vor dir tatsächlich ein Tor wäre, das zu der Zivilisations-Welt führt. Stell es dir möglichst plastisch vor. Stell dir weiterhin vor, dieses Tor verfüge über einen Emotionsfilter. Dieser Filter bestünde aus einer unsichtbaren energetischen Wand, die man mühelos mit seinem Körper durchqueren könnte. Dabei würden jedoch alle Emotionen auf der anderen Seite hängen bleiben. Sie würden also herausgefiltert.

Streck einmal die Hand aus und berühre diesen Filter. Natürlich sollst du nur so tun, als ob du diese energetische Wand berühren würdest. Stell dir das Gefühl einfach vor. Stell dir dabei auch vor, dass die energetische Wand an der Stelle, die du berührst, zart aufleuchtet.

Tauche dann mit deiner Hand durch die Wand hindurch. Und während du siehst, wie die Wand an dieser Stelle aufleuchtet, stell dir auch das Geräusch vor, das dieser Filter dazu machen würde. Zieh deine Hand dann wieder zurück und achte abermals auf das Geräusch.

Und jetzt versuch es noch einmal. Streck deine Hand durch die unsichtbare energetische Wand hindurch. Sieh sie an dieser Stelle zart aufleuchten. Und während du dir wieder das Geräusch vorstellst, das diese unsichtbare Wand machen würde, stellst du dir auch vor, wie sich der Filter an deiner Hand und an deinem Unterarm anfühlen würde. Zieh deinen Arm dann wieder aus der Zivilisations-Welt heraus.

Übe diesen Vorgang einige Male, bis du dir das zarte Leuchten des Filters, seine Geräusche und das Gefühl, den Filter zu durchdringen, gut vorstellen kannst. Ich warte hier so lange. ☺

Schau jetzt bitte einmal durch das Tor hindurch in die Welt der modernen Zivilisation. In dieser Welt gibt es viele Leute, die du dir zu Freunden und guten Bekannten gemacht hast. Du hast sie dir aus einer unglaublich großen Menge an Menschen ausgesucht.

Es gibt also in der Zivilisation viele Menschen, die du magst und die dich mögen. Manche mögen dich als Freund und andere schätzen dich als guten Arbeitskollegen oder guten Bekannten. Über diese Menschen hinaus gibt es natürlich noch unzählige Menschen, die du noch nicht kennst. Viele von ihnen würden sich ebenfalls eignen, um mit dir befreundet zu sein.

Stell dir diese vielen Menschen also ebenfalls hinter dem Tor vor, wie sie in ihren Häusern wohnen oder in ihren Firmen arbeiten. Sie treffen sich auf Partys oder in Restaurants, um sich kennen zu lernen.

Es gibt also hinter diesem Tor eine Menge Menschen, die du magst und die dich mögen, und eine noch größere Menge, die du noch kennen lernen und zu denen du eine freundschaftliche Beziehung aufbauen könntest.

Stell dir vor, deine Freunde und guten Bekannten würden hinter dem Tor auf dich warten, um dich zu begrüßen. Ihr habt heute ein Treffen in der modernen Zivilisation abgemacht.

Du sitzt also vor dem Tor zur Zivilisation. Berühre noch einmal den Emotionsfilter und achte auf das Leuchten des Filters an der Stelle, die du berührst. Höre das Geräusch, das der Filter dabei macht, und stell dir vor, wie es sich anfühlt, wenn du den Filter durchdringst.

Ich werde dich gleich bitten, aufzustehen und durch das Tor hindurch zu deinen Freunden zu gehen. Du kannst diese Übung auch im Sitzen ausführen und nur in Gedanken durch das Tor gehen. Wenn du jedoch tatsächlich aufstehst, werden deine Gefühle deutlich intensiver sein.

Versuch dann, in der Zivilisations-Welt nachzuempfinden, wie es sich anfühlen würde, von deinen Freunden begrüßt zu werden. Komm danach wieder zurück hierher vor das Tor. Die Gefühle, die du in der Zivilisation erlebt hast, bleiben dabei im Filter hängen. Das ist wichtig für die weitere Übung.

Steh also jetzt bitte auf und geh durch das Tor hindurch! Ich warte hier so lange.

Na, wie war es? Du kannst dich übrigens wieder setzen, wenn du willst.

Konntest du dir das Gefühl vorstellen, dich mit deinen Freunden in der Welt der modernen Zivilisation zu treffen?

Ich hatte am Anfang damit Schwierigkeiten. Nach einigen Versuchen gelang es mir jedoch immer besser. Das Gleiche möchte ich auch dir vorschlagen. Übe es noch einige Male, dann wird das Gefühl immer stärker.

Wichtig dabei ist, dass du die Gefühle im Filter hängen lässt. Du kannst natürlich nur dann einen Gefühlswechsel wahrnehmen, wenn es einen Unterschied zwischen deinen Zuständen vor und hinter dem Tor gibt.

Vor dem Tor, also dort, wo wir uns jetzt gerade befinden, sind wir sozusagen außerhalb der Wirklichkeit. Das ist im wirklichen Leben natürlich nicht möglich, aber in unserer Vorstellung können wir so tun als ob. Für unsere Gefühle ist dies völlig ausreichend.

Die wirkliche Welt liegt natürlich nicht im Urwald, sondern hinter dem Tor zur Zivilisation. Beim Urwald und vor den beiden Toren müssen wir also so tun, als ob es diese Orte gäbe.

Hier außerhalb der Welten sollten deine Gefühle so weit wie möglich neutral bleiben. Geh deshalb nur so schnell durch den Emotionsfilter hindurch, dass deine Gefühle darin hängen bleiben können. Versuch dir dabei vorzustellen und zu fühlen, wie dieser Filter tatsächlich deinen Körper durchquert und dabei alle deine Emotionen herausfiltert. In aller Regel genügen dazu etwa zwei bis drei Sekunden.

Solltest du dann doch einmal ein paar Gefühle aus einer der beiden Welten hierher mitnehmen, dann schaufle sie einfach mit beiden Händen zurück durch das Tor. Das sieht zwar komisch aus, funktioniert jedoch in der So-tun-als-ob-Welt meistens sehr gut. (Achte darauf, dass dich niemand dabei sieht, sonst kommen die Männer mit den weißen Jacken! ☺)

Okay, dann versuchen wir es noch einmal. Stell dir das Tor mit seinem Emotionsfilter noch einmal vor. Streck die Hand aus und berühre den Filter. Sieh ihn an dieser Stelle aufleuchten und höre, welche Geräusche er dabei macht. Spüre den Filter mit deiner Hand.

Ich werde dich gleich erneut bitten, aufzustehen und durch das Tor hindurchzugehen. Geh bitte immer erst dann durch das Tor, wenn ich dich dazu auffordere.

Versuch dir, beim Durchqueren des Filters das Gefühl vorzustellen, das du dabei mit deinem gesamten Körper spüren würdest. Auch solltest du dir das Geräusch vorstellen, das der Filter dabei machen würde.

Stell dir zunächst noch einmal deine Freunde und Bekannten hinter dem Tor zur Zivilisation vor. Sie warten auf dich, um dich zu begrüßen. Stell dir außerdem die vielen Menschen vor, die du noch kennen lernen könntest. In dieser Welt gibt es unzählige Menschen, die gut zu dir passen und die dich mögen würden, würden sie dich kennen lernen.

Versuch, in der Zivilisations-Welt das Gefühl nachzuempfinden, das du hättest, würdest du wirklich dort von deinen Freunden begrüßt werden. Dieses Gefühl wird innerhalb weniger Sekunden stärker und erreicht sehr bald sein Maximum. Bevor es dann wieder schwächer wird, solltest du schon wieder aus der Welt herauskommen und die Gefühle im Emotionsfilter hängen lassen. Sollte das nicht ganz gelingen, schaufle die Gefühle zurück durch das Tor in die Welt der modernen Zivilisation.

Bist du bereit? Dann steh auf und geh durch das Tor. Wir treffen uns gleich wieder hier.

Und? Wie war's? Wenn deine Gefühle wieder neutral sind, dann mach es gleich noch einmal. Und dann noch einmal. Geh insgesamt mindestens fünf Mal in der eben beschriebenen Weise durch das Tor hindurch zu deinen Freunden und Bekannten. Achte dabei darauf, dass du wieder aus der Welt hinausgehst, wenn dein Gefühl sein Maximum erreicht hat. Achte weiterhin darauf, dass du erst dann wieder in die Zivilisations-Welt hineingehst, wenn deine Gefühle wieder neutral sind.

Okay, dann los! Geh fünf Mal in die Welt hinein. Viel Spaß!

Wie war es? Konntest du einen Wechsel in deinen Gefühlen wahrnehmen? Natürlich wird dir bei dieser Übung nicht gleich vor Glück schwarz vor Augen, wenn du deine Freunde triffst. Das wäre unrealistisch. Diese Übung allein wird nicht dafür sorgen, dass du Glücksgefühle bis zum Umfallen erlebst. Sie bildet nur die Basis für solche Glücksmomente. Wir sind ja, wie du weißt, erst dabei, das Basislager zu errichten. Deine Gefühle werden daher zwar gut, aber nicht allzu stark sein. Du empfindest ja nur nach, was du in Wirklichkeit empfinden würdest.

Okay, dann machen wir jetzt einmal einen kleinen Test. Stell dir noch einmal das Tor vor. Du brauchst jetzt nicht groß an deine Freunde in der Welt der Zivilisation zu denken. Stell dir einfach nur das Tor vor. Streck deine Hand aus und berühre den Filter. Und jetzt geh durch das Tor hindurch. Achte dann auf dein Gefühl und komm wieder hierher zurück.

Wie war es? Kam das Gefühl schon automatisch, das du vorhin beim Üben erlebt hast? Wenn nicht, dann übe erneut fünf Mal. Unser Ziel ist es, dass das Gefühl kommt, sobald du dir vorstellst, durch das Tor und seinen unsichtbaren energetischen Filter hindurchzugehen.

Wenn du noch einmal üben möchtest, dann lies dir die Übungsbeschreibung von vorhin noch einmal durch. Wenn das gewünschte Gefühl dann automatisch kommt, machen wir weiter. Wir werden die Gefühle in der Welt der modernen Zivilisation nämlich noch etwas verbessern. Das hat jedoch erst dann einen Sinn, wenn das Gefühl automatisch kommt, das du in der Zivilisations-Welt bisher aufgebaut hast.

Lass dir also Zeit. Ich warte hier gerne so lange.

Mach noch einmal den Test von eben. Stell dir das Tor mit seinem Filter vor und geh hindurch. Das Gefühl sollte dann automatisch kommen. Du kannst dich dann wieder setzen.

Schauen wir uns nun im Vergleich zur Zivilisation auch einmal die Welt im Urwald an. Dies ist wichtig, denn du solltest in der Lage sein, deine Urwaldgefühle zu erkennnen, damit du deine neue Fähigkeit einsetzen kannst, die wir gerade trainieren. Dazu gehen wir in der gleichen Weise jetzt in die Urwald-Welt.

Stell dir bitte das Tor zur Urwald-Welt genauso plastisch vor wie das Tor zur Zivilisation. Die beiden Tore stehen nebeneinander. Das Tor zum Urwald steht links. Stell dir vor, du sitzt gerade davor. Auch dieses Tor ist mit einem Emotionsfilter ausgestattet. Streck einmal deine Hand aus und berühre diese energetische Wand. Würde sie sich gleich anfühlen? Oder wäre das Gefühl anders? Würde dieser Filter das gleiche zarte Leuchten aufweisen wie der Emotionsfilter zur Zivilisation? Oder wäre das Leuchten anders? Wie wäre es genau? Und welches Geräusch würde dieses Tor machen, wenn du mit der Hand durch den Emotionsfilter hindurchtauchen würdest?

Schau dir die Welt hinter dem Tor noch einmal genauer an. Im Gegensatz zur Zivilisation gibt es hier nur eine sehr begrenzte Anzahl von Menschen. Hier kannst du dir nicht alle deine Freunde aus Abertausenden von Leuten heraussuchen. Die Auswahl ist stark begrenzt. Nicht jeder wird hier ein Freund sein. Vermutlich gibt es einige Leute, die du nicht leiden kannst und die dich nicht leiden können. Mit den meisten kommst du jedoch ganz gut zurecht. Und einige sind tatsächlich Freunde.

Alle aus deiner Gruppe im Urwald stellen recht hohe Anforderungen an dich. Das geht in der rauen Welt des Urwalds nicht anders. Du solltest daher darauf achten, dass du es dir mit keinem aus der Gruppe ernsthaft verscherzt. Es gibt außer diesen Menschen hier niemanden mehr im Urwald. Und allein hättest du hier kaum eine Überlebenschance. Achte also darauf, was die Menschen hier über dich denken!

Stell dir also vor, du siehst diese Leute hinter dem Tor, vor dem du gerade sitzt. Ich werde dich gleich bitten, in diese Welt hineinzugehen und nachzuempfinden, wie du dich dort fühlen würdest. Geh bitte erst dann durch das

Tor hindurch, wenn ich dich dazu auffordere. Bleib dann für ein paar Sekunden in dieser Welt und merk dir das Gefühl. Dann geh bewusst durch den Emotionsfilter wieder zurück zu unserem Treffpunkt. Zieh dich richtig heraus aus dieser Welt und lass deine Gefühle im Filter hängen. Geh nur so schnell durch den Emotionsfilter hindurch, wie du deine Gefühle herausfiltern kannst. Wie gesagt, genügen dazu in aller Regel zwei bis drei Sekunden. Wenn nötig, schaufle eventuelle Restgefühle durch das Tor in die Welt des Urwalds zurück.

Bist du bereit? Dann streck zunächst deine Hand aus und fühle die energetische Wand. Sieh das Leuchten und höre das Geräusch des Filters. Sieh die Leute hinter dem Tor in der Welt des Urwalds und steh auf. Geh durch das Tor hindurch und fühle den Filter. Versuch dann, die Gefühle nachzuempfinden, die du in dieser Welt hättest, und zieh dich dann bewusst wieder aus diesen Gefühlen heraus. Sie bleiben im Emotionsfilter hängen. Ich warte hier auf dich.

Na, wie war das Gefühl? Konntest du einen Unterschied zur Zivilisations-Welt feststellen? Probier es gleich noch einmal. Streck wieder die Hand aus und fühle den Filter. Sieh das Leuchten und höre das Geräusch. Schau dir die Leute hinter dem Tor an und geh hindurch. Versuch, die Gefühle nachzuempfinden, komm nach ein paar Sekunden wieder zurück und lass deine Gefühle im Emotionsfilter hängen.

War das Gefühl schon deutlicher? Achte bitte immer darauf, dass deine Gefühle im Filter hängen bleiben. Stell dir dies möglichst plastisch vor, und versuch, diesen Vorgang nachzuempfinden. Wenn nötig, schaufle deine Gefühle zurück. Das ist das Wichtigste bei dieser Übung. Übe, dich aus deinen Urwaldgefühlen schnellstmöglich herauszuziehen. Mach es jedoch nicht schneller als möglich. Achte auf dein Gefühl und geh nur so schnell durch den Filter zurück, dass deine Gefühle hängen bleiben können.

Wiederhole die gesamte Prozedur fünf Mal und konzentriere dich dabei immer darauf, dass deine Gefühle im Filter hängen bleiben. Wenn nötig, schaufle sie immer wieder zurück.

Auf diese Weise kannst du dich zum einen mit den Urwaldgefühlen vertraut machen und zum anderen lernen, dich aus diesen Gefühlen schnellstmöglich herauszuholen. Du wirst sie bewusst in deinem Alltag erkennen, wenn du diese Übung beendet hast. Wann immer das geschieht, wirst du dich aus dem Urwald emotional herausziehen können und in die Welt der modernen Zivilisation hineingehen.

Es lohnt sich also, diese kleine Übung zu machen. Ich warte hier wieder, bis du mit den fünf Wiederholungen fertig bist.

Mach auch jetzt wieder den Test. Geh in die Welt des Urwalds hinein, und zieh dich wieder durch den Emotionsfilter dort heraus. Was machen dabei deine Gefühle? Wenn sie innerhalb weniger Sekunden im Filter hängen bleiben, hast du gelernt, was zu lernen war. Wenn sie nicht automatisch abklingen, während du durch den Filter hindurchgehst, dann wiederhole die Übung noch einige Male. Ziel ist es, dass deine Gefühle innerhalb weniger Sekunden automatisch wieder neutral werden. Wenn dies der Fall ist, machen wir weiter.

Geh jetzt bitte noch einmal zum rechten Tor, das in die Welt der Zivilisation führt. Berühre erneut den Emotionsfilter dieses Tores. Ich werde dich gleich erneut bitten, durch dieses Tor hindurchzugehen. Deine Freunde und Bekannten warten auf der anderen Seite des Tores bereits auf dich. Lass die Gefühle auf dich wirken und vergleiche sie mit den Urwaldgefühlen. Komm danach wieder vor die beiden Tore zurück. Geh also jetzt bitte durch das Tor hindurch. Ich warte hier wieder auf dich.

Du kannst dich dann wieder setzen.

Wir wollen die Welt der modernen Zivilisation jetzt noch etwas vervollständigen. Schau dir die Welt hinter dem Tor zur Zivilisation noch einmal genau an. Sieh die vielen Menschen, mit denen du befreundet sein könntest. Mach dir zusätzlich bewusst, dass die Menschen in der modernen Zivilisation sehr viel mehr Freiheiten haben als in der Urwald-Welt.

Es gibt hier keine Friss-oder-stirb-Entscheidungen eines Anführers mehr. Hier gibt es letztendlich nur noch

Vorschläge und eventuelle Konsequenzen, die man für sein Verhalten tragen muss. So ist beispielsweise ein Pinkelverbot im Stadtpark auch nur ein Vorschlag! Halten wir uns nicht daran, müssen wir eventuell eine Strafe zahlen. Das ist sicherlich keine Friss-oder-stirb-Entscheidung.

Machen wir nicht, was der Chef von uns verlangt, werden wir möglicherweise ein paar Probleme kriegen. Trotzdem kann uns der Chef zu nichts zwingen, wie es im Urwald noch der Fall wäre. Das sollten wir uns jeden Tag vor Augen halten, wenn unser Chef etwas von uns will. Übertreibt er es mit seinen Forderungen, steht es uns frei, mit ihm zu diskutieren oder uns, wenn nötig, einen neuen Chef zu suchen. Das ging im Urwald nicht so einfach!

In der Welt der modernen Zivilisation haben wir die Freiheit, unsere Meinung zu sagen. Dies ist für uns eine Selbstverständlichkeit, da unsere Meinungsfreiheit im Gesetz fest verankert ist. Gegenüber der Urwald-Welt ist diese Freiheit jedoch alles andere als selbstverständlich!

Schau dir also die Menschen hinter dem rechten Tor noch einmal genau an. Sie leben sehr gesellig miteinander. Einige von ihnen gehören zu deinen Freunden, andere könnten es noch werden. Sie alle haben jedenfalls die Entscheidungsfreiheit über ihr Leben. Kein Anführer kann sie noch mit Friss-oder-stirb-Drohungen zu etwas zwingen. Sie alle leben in einer freien Welt.

Streck jetzt erneut deine Hand aus und berühre den Emotionsfilter. Sieh ihn wieder aufleuchten, höre das Geräusch und spüre den Filter mit deiner Hand.

Ich werde dich gleich erneut bitten, durch das Tor hindurchzugehen. Dieses Mal solltest du versuchen, zusätzlich zu den Gefühlen, die wir bereits in der letzten Runde aufgebaut haben, auch die Gefühle der Freiheit nachzuempfinden.

Sieh bitte durch das Tor hindurch deine Freunde und Bekannten, die bereits auf dich warten, um dich zu begrüßen. Mach dir dabei zusätzlich bewusst, wie viele Freiheiten die Menschen in dieser Welt im Vergleich zur Urwald-Welt haben.

Verweile in der Welt der modernen Zivilisation so lange, dass deine Gefühle ihr Maximum erreichen. Komm also nach ein paar Sekunden wieder hierher zurück und lass deine Gefühle im Filter hängen.

Steh jetzt bitte auf und geh durch das Tor hindurch.

Na? Wie hat es sich angefühlt? Wie du weißt, schaffen wir jetzt erst einmal Basisgefühle. Auch dieses Mal wirst du vor Glück nicht gleich ohnmächtig geworden sein. Doch, wie du weißt, geht es darum auch nicht. Du sollst lediglich versuchen, die Gefühle nachzuempfinden, die du in der Zivilisations-Welt hättest.

Übe jetzt auch in Bezug auf die Freiheit in der Zivilisations-Welt fünf Mal. Geh also fünf Mal durch das Tor hindurch und stell dir deine Gefühle vor. Sobald sie ihr

Maximum erreicht haben, gehst du wieder aus der Welt heraus und lässt deine Gefühle im Emotionsfilter hängen. Wenn nötig, schaufle sie zurück. Ich warte also wieder hier so lange.

Machen wir wieder einmal den Test von vorhin. Stell dir das Tor kurz noch einmal vor, ohne groß daran zu denken, was sich dahinter genau verbirgt. Geh dann hindurch und achte auf deine Gefühle. Kommen alle Gefühle, die wir bereits in dieser Welt aufgebaut haben, automatisch? Wenn nicht, dann übe noch ein weiteres Mal mit fünf Wiederholungen.

Geh jetzt zum Vergleich noch einmal zum linken Tor – dem Tor zum Urwald. Im Gegensatz zur Zivilisation musst du hier sehr oft machen, was der Anführer oder andere hoch im Rang stehende Personen sagen. Du hast längst nicht die gleiche Entscheidungsfreiheit wie in der Zivilisation. Hier gibt es noch echte Friss-oder-stirb-Vorgaben.

Schau durch das Tor hindurch und betrachte die Menschen in dieser Welt. Sie leben in ihrer kleinen Gruppe, in der jeder seinen Beitrag leisten muss. Außer diesem Menschen gibt es sonst niemanden hier. Der Anführer führt ein starkes Regiment. Ihm zu widersprechen, kann schlimme Auswirkungen haben. Kannst du dir diese Welt vorstellen?

Dann streck deine Hand aus und berühre den Emotionsfilter dieses Tores. Sieh das Leuchten und höre das Geräusch, das durch die Berührung entsteht.

Stell dir das Gefühl in dieser Welt vor, nachdem du durch das Tor gegangen bist, und zieh dich bewusst durch den Emotionsfilter aus dieser Welt und damit aus den Urwaldgefühlen wieder heraus. Und jetzt geh durch das Tor hindurch. Ich warte wieder so lange.

Ich vermute, du erkennst einen deutlichen Unterschied zur Welt der modernen Zivilisation. Sollten noch Gefühle aus der Urwald-Welt übrig geblieben sein, dann schaufle sie zurück in diese Welt.

Geh jetzt wieder fünf Mal hintereinander durch das Tor hindurch und zieh dich jedes Mal bewusst durch den Filter wieder aus dieser Welt heraus. Mach es nur so schnell, wie du deine Gefühle im Filter hängen lassen kannst. Versuch wieder, dir den Filterprozess vorzustellen und ihn nachzuempfinden. Wir treffen uns dann wieder vor den Toren.

Teste zunächst einmal, ob deine Gefühle automatisch neutral werden, wenn du dich aus dieser Welt herausziehst. Geh also noch einmal in die Urwald-Welt und zieh dich durch den Emotionsfilter zurück. Ich warte hier so lange.

Wurden deine Gefühle innerhalb weniger Sekunden neutral? Wenn ja, machen wir weiter – wenn nein, übe zuvor noch ein wenig.

Geh dann wieder zum Tor zur Zivilisation. Fassen wir zunächst einmal zusammen, was wir hier bereits aufgebaut haben. Wir haben hier eine Welt, in der es sehr viel mehr Menschen gibt, die zu dir passen und die dich mögen, als in der Urwald-Welt. Im Gegensatz zur Urwald-Welt bietet die Zivilisation sehr viel mehr Freiheit, zu entscheiden, was man tut und was nicht. Darüber hinaus bietet die Zivilisation sehr viel mehr Möglichkeiten, sich mit seinen Ideen einzubringen, als die Urwald-Welt.

Stell dir vor, du hast eine geniale Idee, wie deine Firma mehr Geld verdienen kann. Hier kannst du gefahrlos versuchen, deinen Chef und andere Leute aus der Firma zu überzeugen oder sie mitzureißen. Das würden dein Anführer oder andere hoch im Rang stehende Leute im Urwald wahrscheinlich nicht in gleichem Maße dulden.

Stell dir also die Welt hinter dem Tor zur Zivilisation noch einmal vor. Berühre deinen Emotionsfilter und stell dir erneut vor, wie er zart aufleuchtet und das charakteristische Geräusch macht. Wenn du gleich durch das Tor hindurchgehst, denk bitte daran, dass du dich hier mit deinen Ideen sehr gut einbringen kannst. Gute Ideen sind immer gefragt – sowohl in der Firma als auch in deinem Privatleben.

Denk daran, während du für ein paar Sekunden in der Zivilisations-Welt verweilst, versuch diese Tatsache nachzuempfinden und komm danach wieder hierher zurück. Geh bitte jetzt in die Welt hinein.

Es fühlt sich gut an, wenn man sich einbringen kann, stimmt's? Deswegen zerfließt man zwar nicht gleich vor

Glück, aber es fühlt sich gut an. Zur Erinnerung: Wir schaffen hier nur die Basis für deine Glücksgefühle.

Geh jetzt fünf Mal in die Welt der modernen Zivilisation hinein. Empfinde dabei alle Gefühle nach, die wir in dieser Welt bisher aufgebaut haben. Bleib immer nur so lange, bis deine Gefühle ihr Maximum erreicht haben. Ich warte wieder so lange.

Mach jetzt wieder den Test: Was geschieht, wenn du einfach ohne große Vorbereitung durch das Tor zur Zivilisation gehst? Kommen alle Gefühle automatisch, die wir bisher aufgebaut haben? Ist auch das Gefühl dabei, dich in dieser Welt einbringen zu können?

Wenn nein, wiederhole den Vorgang noch einmal mit fünf Wiederholungen, und teste erneut, ob alle Gefühle vorhanden sind. Wenn ja, machen wir jetzt weiter.

Geh noch einmal zum Urwald-Tor und schau hindurch. Im Gegensatz zur Zivilisation ist es hier deutlich schwieriger, dich mit deinen Ideen einbringen. Du kannst zum Beispiel wahrscheinlich nicht einfach zum Anführer gehen und ihm sagen, dass er dies und jenes tun sollte. Die Gefahr für den Anführer wäre zu groß, dass er sein Ansehen und damit seine Macht verlieren könnte. Selbst, wenn deine Ideen grandios wären, wäre es möglicherweise schwierig, den Anführer oder andere aus der Gruppe dafür zu begeistern. Dein Einfluss auf die Gruppe wäre also sehr begrenzt. Die Macht des Anführers hingegen wäre fast unbegrenzt. Er hätte sogar die Macht, dich zu verbannen. Diese Gefahr bestünde, wenn du in dieser Welt den Mund allzu voll nehmen würdest.

Ich werde dich gleich bitten, wieder durch das Tor hindurchzugehen. Stell dir zunächst die Welt hinter dem Urwald-Tor noch einmal genau vor. Berühre dann den Emotionsfilter und geh danach für ein paar Sekunden durch das Tor in die Welt des Urwalds hinein. Versuch dort, das Gefühl nachzuempfinden, das du in dieser Welt hättest. Zieh dich danach wieder durch den Filter aus dieser Welt heraus und lass deine Gefühle neutral werden. Schaufle eventuelle Restgefühle aus dieser Welt wieder zurück. Geh also jetzt durch das Tor.

Wie war das Gefühl? Konntest du den Unterschied zur Zivilisation spüren? Wiederhole den Vorgang fünf Mal und merk dir die Urwaldgefühle. Achte beim Herausziehen aus dieser Welt darauf, dass deine Gefühle wirklich im Filter hängen bleiben. Geh nicht schneller als möglich durch den Filter hindurch. Wenn nötig: schaufeln! Nach der Übung kannst du dich wieder setzen. Ich warte hier, bis du fertig bist.

In Zukunft wirst du die Urwaldgefühle leicht erkennen, wenn sie in deinem Alltag auftauchen, und dich dort innerhalb von wenigen Sekunden herausziehen können.

Fügen wir noch eine Kleinigkeit zur Urwald-Welt hinzu: In dieser Welt drohen dir und deiner Gruppe Hunger und Kälte. Um zu überleben, braucht ihr die gesamte Gemeinschaft. Aus der Gruppe ausgestoßen zu werden

– was sicherlich nicht so mir nichts dir nichts passiert – wäre der sichere Tod. Es wäre also nicht wirklich lustig, wenn du es dir mit den Leuten in dieser Welt verscherzen würdest. Dein Ansehen in der Gruppe ist also sehr wichtig!

Stell dir also die Urwald-Welt hinter dem Tor noch einmal vor und denk daran, dass du die Gruppe brauchst. Streck dann deine Hand aus und berühre den Filter.

Ich werde dich gleich erneut bitten, durch das Tor und seinen Emotionsfilter hindurchzugehen. Stell dir dann vor, wie du dich in dieser Welt fühlen würdest, und zieh dich bewusst wieder durch den Filter aus dieser Welt heraus. Achte darauf, dass deine Gefühle im Filter hängen bleiben. Wiederhole auch diesen Vorgang fünf Mal. Geh also jetzt durch das Tor hindurch.

Machen wir also noch einmal den Test: Was geschieht, wenn du in die Urwald-Welt hineingehst und dich dann wieder durch den Emotionsfilter zurückziehst? Werden deine Gefühle innerhalb weniger Sekunden wieder neutral? Das ist unser Ziel! Übe so lange, bis dieses Ziel erreicht ist.

Wenn dies der Fall ist, geh jetzt bitte wieder zum rechten Tor – dem Tor zur Zivilisation. In der Welt hinter diesem Tor ist alles sehr viel einfacher. Bedingt durch die vielen Menschen, die hier leben, ist ein Sozialstaat entstanden. Die Menschen leben hier sehr viel geordneter zusammen als im Urwald. Nicht nur, dass du hier offen deine Meinung sagen kannst oder dass du dich mit deinen Ideen einbringen kannst – es gibt auch keine nennenswerte Gefahr mehr durch wilde Tiere oder Hunger und Kälte. Im Gegensatz zur Urwald-Welt ist es in der modernen Zivilisation also sehr viel einfacher, zu überleben.

Streck wieder einmal deine Hand aus und berühre den Emotionsfilter dieses Tores. Ich werde dich gleich noch einmal bitten, durch das Tor hindurchzugehen. Stell dir dann vor, wie du dich in dieser Welt fühlen würdest, und geh durch den Filter wieder heraus. Wiederhole die Prozedur fünf Mal direkt hintereinander. Geh also jetzt bitte durch das Tor!

Mach noch einen abschließenden Test: Kommen alle Zivilisationsgefühle automatisch, die wir bis jetzt aufgebaut haben, wenn du durch das Tor hindurchgehst? Übe so lange, bis dies der Fall ist. Wir werden deine neu erlernten Fähigkeiten jetzt kombinieren.

Du kannst gleich Folgendes tun: Geh zunächst zum Urwald-Tor und schau dir die Welt dahinter an. Durchschreite dann das Tor und lass die Urwaldgefühle für ein paar Sekunden auf dich wirken. Zieh dich dann bewusst durch den Filter aus dieser Welt heraus. Du siehst dann vor dir beide Tore. In diesem Moment wird dir bewusst, dass du soeben in einer Illusions-Welt warst. Zum Glück war das nicht die wirkliche Welt. Die liegt nämlich rechts vor dir – die Welt der modernen Zivilisation. Geh dann durch dieses Tor hindurch und lass diese Gefühle für ein paar Sekunden auf dich wirken. Lass sie ihr Maximum erreichen. Dann öffne bitte die Augen und erkenne, dass du tatsächlich in dieser Welt lebst. Du lebst in der modernen Zivilisation! Nachfolgend erhältst du eine Kurzbeschreibung dieser Übung.

Kurzbeschreibung

1. Geh in die Urwald-Welt.
2. Zieh dich aus dieser Welt heraus und lass deine Gefühle neutral werden.
3. Erkenne, dass es zum Glück nur eine Illusions-Welt war und die wirkliche Welt rechts vor dir liegt.
4. Geh durch das Tor zur Zivilisation hindurch und lass die Gefühle ihr Maximum erreichen.
5. Öffne die Augen und mach dir bewusst, dass du im Hier und Jetzt in der Zivilisation lebst.
6. Wiederhole Schritt 1 bis 5 insgesamt fünf Mal.

Du kannst dich dann wieder setzen. Danke, dass du mitgemacht hast. Du wirst merken, dass es sich mehr als gelohnt hat.

Bisher bist du tatsächlich körperlich in die beiden (gedachten) Welten hineingegangen. Dies ist nicht immer wirklich praktisch. Wenn du in der Firma beispielsweise vor deinem Chef stehst, wird es komisch aussehen, wenn du durch unsichtbare Tore hindurchgehst und danach kräftig die Emotionen in die Urwald-Welt zurückschaufelst. ☺

Es ist daher sinnvoll, diese Übung komplett in deiner Vorstellung durchführen zu können.

Stell dir also nur vor, du ständest vor den beiden Toren. Mach es in Gedanken und bleib dabei sitzen.

Wiederhole die eben ausgeführte Übung noch einmal rein gedanklich. Schließe dabei die Augen, wenn du dich dabei besser konzentrieren kannst. Möglicherweise gelingt es dir jedoch besser mit offenen Augen. Probier einfach aus, was besser ist. Ich warte wieder, bis du so weit bist.

Wie war es? Ist es dir genauso gut gelungen wie im Stehen? Wenn nicht, dann wiederhole die Übung noch einmal. Du wirst sehen, Übung macht den Meister.

Solltest du beim Lesen mal eine Pause machen wollen, dann wäre jetzt übrigens ein guter Zeitpunkt. Wir werden danach eine Weile mit verschiedenen Situationen weiterüben. Es werden Situationen sein, in denen man für gewöhnlich die Gefühle eines Urwald-Menschen hat. Schauen wir uns diese Situationen also einmal gemeinsam an.

Stell dir vor, deine Partnerin oder dein Partner nörgelt unzufrieden an dir herum. Was für Gefühle würden dabei in dir entstehen? Wären es eher Urwaldgefühle oder eher Zivilisationsgefühle?

Sollten es Urwaldgefühle sein, dann zieh dich aus dieser Welt durch den Emotionsfilter zurück und erkenne, dass es zum Glück noch die Zivilisations-Welt rechts vor dir gibt. Geh dann in deiner Vorstellung dort hinein und lass die gleiche Situation erneut auf dich wirken. Fühlst du einen Unterschied? Wenn ja, dann wiederhole diese kleine Übung abermals fünf Mal. Ich warte hier wieder so lange.

Kommen wir zu einer anderen, weitaus angenehmeren Situation: Dein Partner zeigt dir seine Liebe. Wenn du dich jetzt über diese Situation wunderst, dann liegt das vermutlich daran, dass du davon ausgegangen bist, dass man im Urwald keine schönen Gefühle haben kann. Das ist natürlich Unsinn. Auch im Urwald würde man sich natürlich freuen, wenn man geliebt wird. Man hätte vermutlich nur mehr Angst davor, diese Liebe wieder zu verlieren.

Stell dir also vor, dein Partner zeigt dir seine Liebe. Wir wissen nicht, in welcher Welt du dich gerade befindest. Zieh dich deshalb einfach einmal aus dieser Welt heraus und komm vor die beiden Tore. Du siehst das rechte Tor, das in die Zivilisation führt. Geh hindurch und achte auf dein Gefühl. Verändert es sich? Dann warst du zuvor im Urwald. Bleibt es gleich, dann hast du deine Partnerschaft schon zuvor wie ein Zivilisationsmensch betrachtet, was übrigens ziemlich selten ist. Wie auch immer, in Zukunft wirst du es können.

Mach also den Versuch: Denk an die Situation, in der dein Partner dir seine Liebe zeigt, und zieh dich aus der Welt heraus. Geh dann in die Zivilisation hinein und schau dir dein Gefühl an. Wenn es sich verbessert hat, dann wiederhole die Übung fünf Mal. Ich warte wie immer hier auf dich.

Für die nächste Situation möchte ich dich bitten, dir deinen Chef vorzustellen. Wenn du keinen hast, dann nimm deine Eltern oder eine andere Autoritätsperson.

Stell dir vor, dein Chef lobt dich für eine besondere Leistung. Du hast etwas richtig mächtig gut gemacht. Zieh dich dann aus der Welt heraus, in der du dich gerade befindest, und geh in die Welt der modernen Zivilisation. Ändert sich dein Gefühl dadurch? Wenn ja, wiederhole die Prozedur fünf Mal. Ich warte hier.

Stell dir als Nächstes vor, dass dein Chef dich kritisiert, weil du etwas versaubeutelt hast. Und auch dieses Mal ziehst du dich aus der Welt heraus und gehst in die Zivilisation. Wenn sich dein Gefühl ändert, wiederhole die Übung fünf Mal. Wir treffen uns danach wieder hier vor den beiden Toren.

Geh bitte auf die gleiche Weise folgende Situationen durch, damit du genug Übung darin bekommst, dich emotional aus den Urwaldgefühlen herauszuziehen und in die Zivilisationsgefühle hineinzukommen.

Steigere bei jeder Situation dein Tempo. Bei den ersten Situationen wirst du noch einige Sekunden benötigen, um dich aus den Urwald-Gefühlen herauszuziehen. Ebenfalls benötigst du vermutlich noch einige Sekunden, um in die Zivilisations-Welt hineinzugehen.

Bei den letzten Übungssituationen solltest du den kompletten Wechsel der Welten innerhalb von ein bis zwei Sekunden hinbekommen. Du saust also nur so aus der Urwald-Welt heraus und in die Zivilisations-Welt hinein!

Öffne nach jedem Wechsel für eine Sekunde die Augen und wiederhole die Prozedur. Wieder saust du aus der Urwald-Welt heraus und sofort danach in die Zivilisations-Welt hinein.

Du solltest am Ende der folgenden Übungsbeispiele in der Lage sein, die Welten relativ mühelos fünf Mal sehr schnell nacheinander zu wechseln. Übe so lange, bis du das schaffst. Du wirst durch diese Fähigkeit eine tolle Überraschung erleben!

Wichtig ist jedoch, dass du den Wechsel deiner Welten gründlich vornimmst. Mach es so schnell du kannst, aber nicht schneller! Du wirst mit zunehmender Übung von allein schneller. Es wird dir immer müheloser vorkommen.

Wenn du das mit den folgenden Situationen gemacht hast, werden wir einen kleinen Test machen. Das Ergebnis wird dich überraschen!

Ich wünsche dir also viel Spaß mit den folgenden Situationen:

Übungsbeispiele:

- Eine besondere Leistung von dir wird vor versammelter Mannschaft hervorgehoben und gelobt.
- Du wirst wegen einer Unfähigkeit vorgeführt.
- Der Chef will, dass du länger arbeitest. Du hast aber keine Lust dazu.
- Du siehst auf einer Party einen potenziellen Partner, den du kennen lernen möchtest.
- Hochzeit: Der schönste Tag des Lebens!
- Es gibt ein böses Gerücht über dich.
- Du wirst in deiner Firma befördert.
- Ein Freund macht dir Schuldzuweisungen.
- Der gleiche Freund ist dir dankbar.
- Du bist mit deiner Arbeit überfordert.
- Du kriegst deine Arbeit richtig gut hin.

Bekommst du den Wechsel der Welten bereits innerhalb von ein bis zwei Sekunden hin? Dann machen wir jetzt den versprochenen Test.

Denk an irgendeine Situation, in der du noch Urwald-Gefühle hast. Und jetzt mach mit dieser Situation den schnellen Wechsel der Welten. Wiederhole den Wechsel also fünf Mal schnell nacheinander. Ich warte hier so lange.

Wie sieht es jetzt aus, wenn du an die Situation denkst? Hast du Urwald- oder Zivilisations-Gefühle?

Wenn du bereits schnell genug bist bei dieser Übung, hast du jetzt Zivilisations-Gefühle. Doch es kommt noch besser: Versuch jetzt bitte noch einmal, zu dieser Situation Urwald-Gefühle zu bekommen! Streng dich an!

Merkst du was? Es geht nicht! Du kommst nicht mehr rein in die Urwald-Gefühle. Und das wird in dieser Situation, sollte sie im wirklichen Leben passieren, ebenfalls so sein. Du wirst unweigerlich Zivilisations-Gefühle haben. Ist das nicht klasse? Wann immer du ein Problem haben solltest, wechselst du fünf Mal hintereinander schnell die Welten, und das Problem ist gegessen! Klingt komisch? Ist aber so! ☺

Kannst du dir vorstellen, was diese Fähigkeit für dein Leben bedeuten kann? Du wirst nie wieder in Problemgefühlen versumpfen. Du wirst dich in schwierigen Situationen souverän fühlen und verhalten. Du wirst glücklicher sein können, als du dir das bisher vorstellen konntest! Wenn du feststellst, dass du Urwald-Gefühle hast, ganz egal welche und aus welchem Grund, wechselst du einfach fünf Mal schnell die Welten. Das war's! Das Leben kann so einfach sein!

Wenn dir der schnelle Wechsel der Welten eben noch nicht gelungen ist, dann übe noch ein wenig weiter. Nimm dir weitere Situationen vor, in denen du noch Urwald-Gefühle hast, und übe den schnellen Wechsel.

Sollte es dann immer noch Schwierigkeiten geben, dann versuch Folgendes: Denk an ein Thema, bei dem du noch Urwald-Gefühle hast. Tu dann einfach einmal so, als ob du die Urwald-Welt innerhalb von einer Sekunde verlassen könntest. Tu dann so, als könntest du in der nächsten Sekunde in die Zivilisations-Welt hineingehen. Tu also einfach als ob und ignoriere dabei, ob du deine Gefühle nachempfinden kannst.

Schau dir nach fünf Wiederholungen an, wie du dich dann fühlst, wenn du an die Situation denkst. Wenn deine Gefühle in Ordnung sind, hat der Wechsel der Welten funktioniert. Er war nur einfacher als du gedacht hast! ☺

Wenn das nicht funktioniert, dann empfehle ich dir, dieses Kapitel noch einmal zu wiederholen. Übung macht auch hier den Meister.

Sehr hilfreich kann der Austausch mit Freunden sein, die ebenfalls dieses Buch gelesen haben. Gemeinsam findet man oft schnell heraus, wo es noch hängen könnte. Sollte es dann trotzdem noch Schwierigkeiten mit dem schnellen Wechsel geben, dann besuch uns doch einmal auf unserer Homepage (www.ella.org). Hier findest du einen kostenlosen Support-Service in Form eines Internet-Forums.

Interessierte Leser und Seminarteilnehmer stellen hier Fragen zur Umsetzung, die von unserem Trainer-Team umfassend beantwortet werden. Solltest du also Fragen zu diesem Kapitel haben, dann freuen wir uns darauf, dir diese zu beantworten.

Dieses Forum existiert mittlerweile seit Anfang 2000 und stellt ein umfassendes Sammelwerk für alle Lebensfragen dar. Hier findest du unendlich viele Tipps und Anregungen in Sachen Glück und Erfolg.

Ebenfalls findest du bei uns ein Forum, in dem uns viele Menschen kurze Erfahrungsberichte hinterlassen haben. Möglicherweise findest du in diesen Erfahrungsberichten genau den Hinweis, den du für deinen Durchbruch brauchst.

Ich möchte dir auf jeden Fall ans Herz legen, wirklich dran zu bleiben. Die Fähigkeit, die beiden Welten schnell wechseln zu können, ist die wertvollste, die ich je in meinem Leben erworben habe!

Der leichteste Weg

Im letzten Ella-Camp (ein zweiwöchiger Glücks-Seminar-Urlaub) setzten wir uns einmal in Gruppen von zehn bis fünfzehn Leuten zusammen und sammelten Ideen dazu, wie man sich den Wechsel der Welten auch in emotional schwierigen Situationen möglichst leicht machen könnte. Diese Ideen bedeuteten für einige Teilnehmer einen wahren Durchbruch. Daher möchte ich hier ein paar dieser Ideen aufzeigen.

Damit wir uns nicht falsch verstehen: Diese Ideen sind keine alternativen Methoden, wie wir emotional die Welten wechseln können. Es sind nur kleine Hilfsmittel, die gut geeignet sein können, um in etwas schwierigeren Situationen trotzdem aus der Urwald-Welt herauszukommen.

Eine Idee bestand darin, sich bewusst zu machen, wie viele tolle Menschen man bereits um sich herum hat. Das bringt einen unter Umständen sehr schnell wieder aus den Urwaldgefühlen heraus.

Eine weitere Idee bestand darin, sich im Bedarfsfall daran zu erinnern, was man im Leben tatsächlich generell will. Ich will es mir beispielsweise mit Freunden möglichst schön machen. Mich an dieses Ziel zu erinnern, hilft mir manchmal, aus hartnäckigen Urwaldgefühlen schnell herauszukommen.

Einer Teilnehmerin aus dem Camp half es, daran zu denken, dass sie für ihre Freunde in Ordnung war, so wie sie war. Mit diesem Gedanken konnte sie am leichtesten den Urwald hinter sich lassen.

Einer anderen Teilnehmerin fiel dies am leichtesten, wenn sie daran dachte, dass sie Fehler machen durfte. Man mochte sie dann natürlich trotzdem noch.

Mir persönlich hilft es am allermeisten, wenn ich mir bewusst mache, was für mich das Wichtigste ist. Es gibt für mich nichts Wichtigeres als die Liebe zu meiner Partnerin, die Verbundenheit mit meinen Freunden, die Freiheit, meine eigenen Entscheidungen in meinem Leben treffen zu können, und die Möglichkeit, mich mit meinen Fähigkeiten und Ideen einbringen zu können.

Was könnte dir helfen, um es dir in schwierigen Situationen so leicht wie möglich zu machen, aus der Urwald-Welt heraus und in die Zivilisations-Welt hinein zu kommen? Probiere einfach ein bisschen herum. Ich wünsche dir viel Spaß dabei!

Kurzbeschreibung

1. Überlege, was dir am besten helfen könnte, auch in schwierigen Situationen aus der Urwald-Welt heraus- und in die Zivilisations-Welt hineinzukommen.
2. Denk an eine dieser schwierigen Situationen und versuche, die Welten fünf Mal nacheinander schnell zu wechseln.
3. Überprüfe, ob dein Gedanke das gewünschte Ergebnis gebracht hat. Wenn nicht, probiere einen anderen Gedanken aus.

Wenn du andere magst

Wir verlassen nun das Basislager und beginnen mit dem wirklichen Aufstieg zum Gipfel des Glücks. Dazu beschäftigen wir uns im weiteren Verlauf des Buches intensiv mit Glücksmomenten.

Manchmal sind diese im Leben etwas versteckt. Mein Freund Thomas hatte beispielsweise einmal eine Arbeitskollegin, die war vom Sternzeichen Löwe und hatte ihren Aszendenten im Bullterrier. Mit einem Wort: Er konnte sie nicht leiden und sie ihn nicht.

Eines schönen Tages entschieden die Vorgesetzten der beiden etwas gehässig, dass die zwei ein gemeinsames Projekt durchziehen sollten. Du kannst dir die Begeisterung der beiden sicher plastisch vorstellen! Thomas setzte sich ihr gegenüber und sagte:

„Ich will Sie nicht heiraten und Sie mich nicht. Wir können uns halt einfach nicht leiden. Aber wollen wir denen wirklich die Genugtuung geben, dass sie uns mit diesem Projekt einen reingedrückt haben? Oder wollen wir es denen mal so richtig zeigen und gemeinsam bei diesem Projekt Vollgas geben?“

Sie entschieden sich beide für Letzteres. Während dieses Projektes fiel Thomas auf, dass er sich seltsamerweise mit seiner neuen Teamkollegin unheimlich gut ergänzte. Er war der Liebe und Verständnisvolle und sie das Biest. Plötzlich passte sie in sein Leben. Wenn etwas durchzusetzen war, schickte er erst einmal seinen Bullterrier vor. Danach hatte er als der liebe Thomas leichtes Spiel. Er fing an, seine Arbeitskollegin aus einem völlig anderen Blickwinkel zu sehen. So verkehrt war sie gar nicht - zumindest dann nicht, wenn man auf ihrer Seite stand! Sie passte also genial als Projektpartnerin und das machte tatsächlich gute Gefühle. Er erlebte die Momente, in denen er seinen Bullterrier auf seine Widersacher losließ, tatsächlich als Glücksmomente.

Während dieser Zusammenarbeit lernte Thomas seine Kollegin etwas genauer kennen. Er merkte, dass sie in Wirklichkeit gar kein Bullterrier war. Sie schauspielerte nur, um sich in der harten Welt des Geschäftslebens durchzusetzen.

Es kam, wie es kommen musste – die beiden unterhielten sich immer öfter auch mal privat. Thomas erfuhr, dass seine Kollegin Ansichten über das Leben hatte, die mit seinen sehr häufig übereinstimmten. So war ihr eine glückliche Beziehung ebenfalls das Wichtigste im Leben. Und auch über Freundschaften dachten sie beide gleich.

Nach und nach wurde diese Frau Thomas immer sympathischer. Sie hatte weitaus mehr Gemeinsamkeiten mit ihm, als man das zuvor vermuten konnte. Diese Frau hatte eine sehr ähnliche Kindheit und Jugend erlebt wie Thomas. Wenn sie sich über das Leben unterhielten, verstanden sie sich auf Anhieb. Sie stellten sogar fest, dass sie teilweise die gleichen Hobbys entwickelt hatten.

Thomas dachte irgendwann wieder einmal zurück an die Zeit, in der er vor ihr gesessen und ihr erklärt hatte, dass er sie nicht leiden könne. Seit dieser Zeit hatte sich viel verändert. Zunächst erschien sie ihm als Projektpartnerin äußerst passend, weil er sich mit ihr ergänzte. Danach erkannte er die vielen Gemeinsamkeiten mit ihr und kam zu dem Schluss, dass sie über die Arbeitskollegin hinaus sogar die Anforderungen erfüllte, die er an eine gute Freundin stellen würde.

Um es vorwegzunehmen: Die beiden haben nicht geheiratet! Sie erfüllten die Anforderungen einer Freundschaft, aber nicht die einer Partnerschaft. Aber auch damit hätte Thomas zu Beginn des Projektes sicherlich niemals gerechnet. Er hatte eine gute Arbeitskollegin und Freundin dazu gewonnen und erlebte mit ihr viele Glücksmomente von Sympathie und Freundschaft während des gemeinsamen Projektes.

Nach diesem Erlebnis dachte Thomas darüber nach, dass es vielleicht noch mehr Menschen in seinem Leben geben könnte, mit denen er sich, ohne es zu merken, prima ergänzte. Er hätte es echt schade gefunden, diese Möglichkeiten zu verpassen.

Als Erstes fiel ihm sein Doppelpartner beim Badminton ein, der hervorragend schmettern konnte. Thomas hatte gute Reflexe. Er war also gut in der Abwehr vorne am Netz. Sein Partner stand hinten und schlug drauf, was das Zeug hielt. Das hätte Thomas überhaupt keinen Spaß gemacht. Vorne stehen und fechten, das war mehr sein Ding.

Die beiden ergänzten sich also wunderbar. Jeder konnte das tun, was er am liebsten mochte. Nachdem Thomas darüber nachgedacht hatte, wie toll sich die beiden ergänzten, konnte er diese Tatsache viel intensiver schätzen und genoss so beim Badminton mit seinem Partner deutlich mehr Momente der Freude.

Es gibt unglaublich viele Momente, in denen man solche Ergänzungen genießen kann, wenn man bewusst darauf achtet. Ich esse zum Beispiel gerne die Oberseite vom Brötchen und Romjna, meine Partnerin, lieber die Unterseite. Das ergänzt sich doch perfekt! Es ist zwar eine lächerliche Kleinigkeit, aber diese Ergänzung macht tatsächlich tolle Gefühle, wenn ich darauf achte. Die Momente, in denen wir unser Brötchen teilen, sind tatsächlich Glücksmomente!

Das funktioniert jedoch nur, wenn ich mich mit meinen Gefühlen in der Zivilisations-Welt befinde.

Die Welt von heute bietet uns ungleich mehr Möglichkeiten, Glücksmomente in unser Leben zu ziehen, als die Welt des Urwalds. Im Urwald wären die Anforderungen an die Menschen in unserer Gruppe sehr viel höher als heute. Wir müssten mit diesen Leuten in einer harten und rauen Welt überleben. Da müsste jeder perfekt funktionieren.

Solange man daher mit seinen Gefühlen noch im Urwald lebt, achtet man wenig auf die Dinge, die sich ergänzen. Man achtet im Gegenteil viel mehr auf alles, was sich nicht ergänzt! Daran scheitern übrigens sehr viele Beziehungen! Deine jetzt nicht mehr, denn von nun an kennst du das Geheimnis! ☺

Glücksmomente durch Ergänzungen gibt es natürlich nicht nur in einer Partnerbeziehung.

Schauen wir uns einmal an, aus welcher Welt heraus du momentan noch deine Arbeitskollegen betrachtest. Denk einmal an sie. Gibt es da Ergänzungen mit ihnen? Haben sie vielleicht Fähigkeiten, die sich mit deinen gut ergänzen? Können sie Dinge, die du gut gebrauchen kannst, und umgekehrt? Oder haben sie Eigenschaften, die gut mit deinen zusammenpassen, wie bei Thomas und seinem Bullterrier?

Aus welcher Welt heraus hast du deine Arbeitskollegen also eben gesehen? Aus der Illusionswelt des Urwalds oder aus der Wirklichkeit von heute? Hast du die Ergänzungen mit ihnen wahrgenommen oder eher all die Dinge, die nicht zusammenpassen?

Solltest du sie noch aus der Urwald-Welt heraus betrachtet haben, dann geh jetzt einmal durch das Tor zur Zivilisation hindurch, und beurteile sie noch einmal. Gibt es Dinge, in denen ihr euch ergänzt? Gibt es Fähigkeiten, mit denen ihr euch ergänzt? Gibt es ergänzende Interessen oder Eigenschaften?

Ich vermute, du siehst deine Arbeitskollegen möglicherweise jetzt aus einem ganz anderen Blickwinkel.

Und wenn du genau hinfühlst, dann merkst du, dass jede Ergänzung, die du findest, ein kleines gutes Gefühl in dir hinterlässt.

Schau dir deine Freunde einmal aus der Welt der Zivilisation an. Gibt es da Ergänzungen? Vielleicht redest du gerne, und einer deiner Freunde hört gerne zu? Möglicherweise bist du sehr entscheidungsfreudig, aber etwas vorschnell bei deinen Entscheidungen. Und möglicherweise hast du einen Freund, der es liebt, alle Entscheidungen auf Vor- und Nachteile zu überprüfen. Das ergänzt sich doch wunderbar! Oder du löst gerne Probleme, und dein Freund hat genug davon? ☺

Geh jetzt noch einmal bewusst vor die beiden Tore und dann in die Urwald-Welt hinein. Wie beurteilst du jetzt die Ergänzungen mit deinen Freunden? Wie ist es mit dem Freund, der ständig Probleme hat? Wie ist es mit dem Nörgler, der ständig all deine Entscheidungen in den Dreck zieht?

Ich vermute einmal, dass du in dieser Welt sehr viel weniger Glücksmomente mit deinen Freunden erleben könntest. Komm daher schnell wieder aus dieser Welt heraus vor die beiden Tore, und geh wieder in die Zivilisations-Welt. In der Welt von heute kannst du viele Glücksmomente mit deinen Freunden erleben, weil du in ihnen Ergänzungen findest.

Was jedoch noch viel stärkere Glücksgefühle auslöst, ist das Erkennen von Gemeinsamkeiten.

Du kannst dich sicher daran erinnern, wie man sich fühlt, wenn man sich verliebt. Stell dir vor, du sitzt beim ersten Date mit deinem Schatzi im Restaurant. Ihr unterhaltet euch und stellt dabei fest, dass ihr im gleichen Ort aufgewachsen seid. Wie würdest du dich fühlen bei dieser Gemeinsamkeit?

In der weiteren Unterhaltung stellt ihr fest, dass ihr den gleichen Geschmack in puncto Musik habt. Wie würdest du dich in diesem Moment fühlen?

Dann erkennt ihr, dass ihr beide gleich über Treue in einer Beziehung denkt. Und auch die Wichtigkeit von Sex scheint ihr gleich zu sehen. Und so geht es den ganzen Abend weiter. Ihr erkennt ständig, was ihr alles gemeinsam habt. Zweifellos würdet ihr beim Erkennen all dieser Gemeinsamkeiten jedes Mal einen Glücksmoment erleben.

Es sei denn, du betrachtest jeden Partner, mit dem du das erste Mal ausgehst, aus dem Blickwinkel der Urwald-Welt heraus. Dann sind dir diese lächerlichen Gemeinsamkeiten zu wenig. Dann achtest du bei allem, was dein Gegenüber von sich gibt, auf mögliche Dissonanzen, die im rauen Urwald-Alltag euer Zusammenleben behindern könnten. Und wenn du danach suchst, wirst du auch welche finden!

Solltest du das für gewöhnlich tun, dann stell dir diese Situation in der Urwald-Welt vor und wechsel fünf Mal nacheinander schnell die Welten. In der Zivilisations-Welt erlebst du an solch einem Abend hundert Mal mehr Glücksmomente als in der Urwald-Welt. Nach dem schnellen Wechsel der Welten wirst du in solchen Situationen ein Zivilisations-Mensch sein. Darauf kannst du dich verlassen!

In einer Partnerbeziehung löst das Erkennen von Gemeinsamkeiten sicherlich die stärksten Glücksgefühle aus. Trotzdem sind die Glücksmomente durch das Erkennen von Gemeinsamkeiten auch in freundschaftlichen oder kollegialen Beziehungen nicht zu unterschätzen.

Als Thomas zum Beispiel erkannte, wie viel er und seine Kollegin gemeinsam hatten, empfand er sehr viel mehr Zuneigung zu ihr als zuvor. Und Momente, in denen wir Zuneigung zu anderen Menschen empfinden, gehören zweifellos zu unseren Glücksmomenten.

Thomas und ich arbeiten genau wie alle anderen aus unserer Beratergruppe am gleichen Ziel. Wir haben also alle etwas gemeinsam: Das Ziel, unsere Erfahrungen in Sachen Glück an möglichst viele Menschen weitergeben zu wollen.

Wann immer wir zusammenkommen, sorgt dieses gemeinsame Ziel dafür, dass wir viele Glücksmomente miteinander erleben. Wir spüren, dass wir zusammengehören, und das ist ein sehr schöner Glücksmoment.

Ein gemeinsames Ziel allein sorgt natürlich noch nicht dafür, dass man freundschaftliche Gefühle füreinander entwickelt. Dennoch ist es ein Anfang. Man lernt sich durch solch ein gemeinsames Ziel kennen und erkennt eventuelle Gemeinsamkeiten in seinen Ansichten, Meinungen und Charaktereigenschaften. Manchmal genügen diese Gemeinsamkeiten für eine freundschaftliche Beziehung, und manchmal bleibt es bei einer geschäftlichen Bekanntschaft. In jedem Fall löst die Erkenntnis einer Gemeinsamkeit jedoch ein Glücksgefühl aus, wenn man in der Zivilisations-Welt lebt. Ganz egal, ob man sein Gegenüber in die Kategorie Freund, guter Bekannter oder Arbeitskollege einordnet: Gemeinsamkeiten machen Glücksgefühle.

So erlebt man auch einen Glücksmoment, wenn man in der hintersten Ecke von Portugal wieder einmal die wunderschöne deutsche Sprache hört, nachdem man zwei Wochen lang kein einziges deutsches Wort gehört hat. Allein die Gemeinsamkeit der deutschen Sprache kann in solch einem Fall schon genügen, um nach Sekunden bereits ein freundschaftliches Gefühl entstehen zu lassen.

In den meisten Fällen reichen uns die Gemeinsamkeiten nicht aus, um eine Liebesbeziehung zu einem Menschen aufzubauen – auch nicht, wenn man in der Zivilisations-Welt lebt! An die Verkäuferin, von der du nur deine Brötchen kaufen willst, hast du jedoch sicherlich ganz andere Anforderungen als an einen Partner oder eine Partnerin. Doch auch mit dieser Verkäuferin könntest du Glücksmomente erleben, wenn du mit ihr Gemeinsamkeiten entdeckst – es sei denn, du befindest dich mit deinen Gefühlen gerade im Urwald und erwartest von ihr, dass sie allen deinen Anforderungen entspricht, die du an einen Freund oder Partner stellen würdest.

In der Urwaldgruppe muss jeder funktionieren. Und jeder muss mit dir an einem Strang ziehen, sonst funktioniert die ganze Gruppe nicht. Dann würden dir die wenigen Gemeinsamkeiten, die du mit der Verkäuferin entdeckst, sicher nicht genügen, um einen Glücksmoment zu erleben.

Man kann in der Zivilisations-Welt viele Glücksmomente mit wildfremden Menschen erleben, wenn man nach Gemeinsamkeiten Ausschau hält und nicht jeden mit dem Maßstab „Freund" oder „Partner" misst. Doch warum sollte man das tun und diese vielen kleinen Glücksmomente verschenken?

Geh wieder einmal bewusst in die Zivilisations-Welt und denke an deine Arbeitskollegen! Was hast du mit ihnen gemeinsam? Habt ihr gemeinsame Interessen? Oder habt ihr gemeinsame gute Bekannte? Habt ihr ähnliche Charaktereigenschaften?

Und wie ist es mit deinen Freunden? Welche Gemeinsamkeiten gibt es hier? Haben sie eine ähnliche Einstellung zum Leben wie du? Finden sie die gleichen Dinge gut? Haben sie die gleichen Hobbys?

Hast du eine Partnerin oder einen Partner? Welche Gemeinsamkeiten hast du mit ihr oder ihm? Wo seid ihr euch vom Charakter her ähnlich? Welche Ziele in eurem Leben stimmen überein? Welche Einstellungen darüber, was das Wichtigste in einer Beziehung ist, stimmen überein?

Wir haben natürlich an einen Beziehungspartner auch in der Zivilisations-Welt ganz andere Anforderungen als an einen Freund oder Arbeitskollegen. Schauen wir uns diesen Sachverhalt einmal genauer an.

Welche Anforderungen hast du denn zum Beispiel an einen Arbeitskollegen? Muss er dich lieb haben, oder solltest du mit ihm gut zusammenarbeiten können? Muss er deine fachliche Meinung berücksichtigen? Muss er deine Partnerin oder deinen Partner mögen? Was muss ein Arbeitskollege erfüllen und was muss er nicht erfüllen?

Und was muss ein Freund erfüllen? Sollte er deinen Partner oder deine Partnerin mögen? Musst du mit ihm gut zusammenarbeiten können? Sollte er die gleichen Vorstellungen über eine gute Freundschaft haben wie du?

Welche Anforderungen müsste ein guter Bekannter erfüllen? Muss er dir in allen seinen Eigenschaften so ähnlich sein, als wärt ihr Zwillinge? Oder sollte er, um ein guter Bekannter zu sein, einfach so viele Gemeinsamkeiten und Ergänzungen haben, dass du dich für ein paar Stunden mit ihm wohl fühlen kannst?

Was müsste ein Freund deines Partners erfüllen? Muss er alle Anforderungen erfüllen, die du an deine Freunde stellst? Oder reicht es, wenn dein Partner ihn mag?

Was meinst du, wie viele Menschen es auf der Welt gibt, die deine Anforderungen an einen Arbeitskollegen erfüllen könnten? Es gibt über 6 Milliarden Menschen auf der Welt. Wären darunter nur sehr wenige Menschen oder viele, mit denen du als Arbeitskollege auskommen könntest?

Wie viele Menschen auf der Welt könnten deine Anforderungen an einen guten Bekannten erfüllen? Wenige oder viele?

Und wie viele Menschen gibt es auf der Welt, die deine Anforderungen an einen Freund erfüllen könnten? Wenige oder viele?

Wie viele Menschen gibt es wohl auf der Welt, die deine Anforderungen an einen Partner erfüllen könnten? Wenige oder viele?

Ich vermute, dass du jedes Mal mit „viele" geantwortet hast. Es gibt einfach viele Menschen auf der Welt, so dass man diese Fragen eigentlich nur mit „viele" beantworten kann – es sei denn, man befindet sich wieder emotional in der Urwald-Welt. Dann muss man jedes Mal mit „wenige" antworten.

An dieser Stelle bietet sich dir die Gelegenheit, deine Zivilisations-Welt noch einmal entscheidend zu verbessern. Denk an die vielen Menschen, die in dieser Welt als Arbeitskollege, guter Bekannter, Freund oder Partner zu dir passen könnten. Geh dann fünf Mal hintereinander in die Zivilisations-Welt hinein und lass das Gefühl sein Maximum erreichen. Diese Verbesserung ist sehr wichtig. Ich warte daher hier wieder, bis du fertig bist. ☺

Stell dir jetzt noch einmal vor, du befändest dich in der Urwald-Welt. In deiner Gruppe gibt es jemanden, der gut in die Kategorie „guter Bekannter" passen würde. Aus Mangel an Gelegenheit beschließt du in dieser Urwald-Welt, dass du aus diesem guten Bekannten deinen Beziehungspartner machen willst. Du hast zuvor mit diesem guten Bekannten viele Gemeinsamkeiten und Ergänzungen festgestellt, die für eine gute Bekanntschaft durchaus ausreichend waren. Doch sie reichen niemals für eine glückliche Partnerschaft aus. Wie würdest du dich mit diesem Menschen fühlen, nachdem du beschlossen hast, dass er dein Lebenspartner werden soll? Würdest du mit ihm viele Glücksmomente erleben? Sicherlich nicht!

Dann komm bitte wieder aus der Urwald-Welt heraus, stell dir die beiden Tore vor dir vor, und geh in die Zivilisations-Welt, von der du weißt, dass es hier unglaublich viele Menschen gibt, die in den verschiedensten Kategorien zu dir passen.

Kämst du hier noch auf die Idee, aus diesem guten Bekannten zwanghaft einen Partner machen zu müssen?

Sicherlich nicht! Es gibt Milliarden von Menschen, aus denen du deinen Partner auswählen kannst.

Wie viele Glücksmomente könntest du jedoch mit diesem guten Bekannten erleben, wenn du ihn in der richtigen Kategorie belassen würdest? Wären es mehr oder weniger als in der Urwald-Welt?

Gibt es vielleicht Menschen in deinem Umfeld, die du noch aus der Urwald-Welt heraus betrachtest und sie damit in die falsche Kategorie stecken willst? Du dürftest dann mit diesen Menschen einige Schwierigkeiten haben. Gibt es solche Menschen? Dann kannst du hier und jetzt diese Schwierigkeiten beenden! Geh deinen Bekanntenkreis einfach einmal kurz durch und schau dir jeweils dein Gefühl an. Beurteilst du sie aus der Urwald-Welt heraus oder aus der Zivilisations-Welt?

Der leichteste Weg, das herauszufinden, besteht darin, dich einfach aus der Welt herauszuziehen, in der du dich gerade befindest. Geh dann in die Zivilisations-Welt und vergleiche das Gefühl, das du hier hast, mit dem Gefühl von vorhin.

Sorge dafür, dass jeder in der Kategorie eingeordnet ist, wo er auch hingehört: Freunde zu Freunden, Bekannte zu Bekannten, Arbeitskollegen zu Arbeitskollegen und so weiter.

Kurzbeschreibung

1. Gehe nacheinander alle Menschen aus deinem Bekanntenkreis durch und spüre jeweils nach, in welche Kategorie du sie bisher einordnen wolltest.
2. Wenn du bei einem Menschen Zweifel hast, ob du ihn in die richtige Kategorie eingeordnet hast, dann wechsel fünf Mal schnell die Welten, während du an diesen Menschen denkst. Lass dabei unberücksichtigt, in welcher Welt du zuvor warst.
3. Überlege danach erneut, in welche Kategorie du diesen Menschen einordnen möchtest.

Wenn dich andere mögen

Wenn du einem Menschen begegnest, bei dem du das Gefühl hast, das könnte der Partner fürs Leben werden, dann würde es natürlich ein geniales Glücksgefühl auslösen, wenn du erfährst, dass dieser Mensch sich für dich interessiert – oder? Es wäre fürwahr ein Glücksmoment! Doch woran könntest du erkennen, dass er sich für dich interessiert?

Stell dir vor, er lädt dich zum Essen in ein superromantisches Lokal ein. Alles ist total schön. Das Ambiente trifft genau deinen Geschmack, genau wie das Essen und der Champagner, den er für euch bestellt hat.

Während ein Geigenspieler gefühlvoll an eurem Tisch fiedelt, ergreift dein Angebeteter deine Hand, schaut dir tief in die Augen und sagt: „Ich weiß, dass es viele Milliarden Menschen auf der Welt gibt. Aber wenn ich die Wahl hätte, würde ich mein gesamtes Leben am liebsten nur mit dir verbringen. Und wenn es möglich wäre, noch die gesamte Ewigkeit dazu!"

Hättest du in diesem Moment das Gefühl, dass dieser Mensch sich für dich interessiert? ☺

Sicherlich würde dich diese Aussage abschrecken, wenn es beim ersten Date passiert! Aber darum geht es jetzt nicht. Es geht um die Frage, woran du erkennen könntest, dass sich ein Mensch für dich als Partner interessiert. Denn das würde im richtigen Maße und beim richtigen Menschen sicherlich einen Glücksmoment darstellen.

Werden wir also einmal ein wenig realistischer. Stell dir vor, in deiner Firma wird ein neuer Mitarbeiter eingestellt. Du erkennst sofort, dass du diesen Menschen gerne kennen lernen möchtest.

Wie es der Zufall so will ☺, kommt ihr ins Gespräch, und er lädt dich zum Essen ein. Wäre das nicht ein erster Hinweis darauf, dass dein neuer Arbeitskollege sich für dich interessieren könnte? Es wäre kein Beweis, das ist klar. Aber es wäre ein erster Hinweis.

Ob dir dieser Hinweis für das Auslösen eines Glücksmomentes genügt, hängt ganz davon ab, ob du in der Urwald-Welt oder in der Welt von heute fühlst.

Stell dir noch einmal vor, du befändest dich in der Urwald-Welt. Hier gibt es vermutlich nur einen Menschen, der als Partner überhaupt in Frage käme. Du findest diesen Menschen jedenfalls bereits irre interessant, weißt jedoch nicht, wie er zu dir steht.

Würde es dir in dieser Welt genügen, dass er dich zum Essen einlädt? Genügt dir dieser Hinweis, oder hättest du gerne einen „echten“ Beweis für sein Interesse?

Dann komm bitte wieder aus dieser Welt heraus vor die beiden Tore und geh in die Zivilisations-Welt. Stell dir die gleiche Situation vor und vergleiche deine Gefühle.

Gehen wir einmal davon aus, dass du hier in der Zivilisations-Welt glücklicher Single bist. Du weißt, dass die

Welt voll von tollen Menschen ist. Und ein ganz besonders tolles Exemplar sitzt direkt vor dir und hat dich zum Essen eingeladen. Wie fühlst du dich dabei? Hast du das Gefühl, dass dieser Mensch sich für dich interessieren könnte? Das ist ein schönes Gefühl, stimmt's?

Stell dir vor, dass dein neuer Kollege dir etwas länger in die Augen schaut als normal. Wäre dies nicht abermals ein Hinweis? Wie würde sich dieser Hinweis anfühlen? Wäre dieser Moment ein weiterer Glücksmoment?

Dann fragt dich dein neuer Arbeitskollege, ob du ein Glas Champagner mit ihm trinken würdest. Wäre nicht auch das schon wieder ein kleiner Hinweis, der die Situation zu einem Glücksmoment machen könnte?

Natürlich ist der Champagner kein Beweis, aber es ist ein Hinweis, dass es so sein könnte, wie du es dir wünschst.

Am nächsten Tag hast du dich längst in diesen tollen Menschen verliebt. Plötzlich erzählt dir ein anderer Arbeitskollege, dass der Neue ihn gefragt hat, ob du eine feste Beziehung hast.

Würdest du das als Hinweis für sein Interesse gelten lassen? Wie würde sich das anfühlen? Würdest du diesen Moment als Glücksmoment bezeichnen?

Natürlich empfinden wir nicht nur Glücksmomente, wenn sich potenzielle Partner für uns interessieren. Wir finden es auch schön, wenn ein guter Freund sich für uns interessiert.

Stell dir vor, du bist krank und langweilst dich zu Hause so allein zu Tode. An diesem Abend klingelt das Telefon. Ein guter Freund ist in der Leitung. Er wohnt auf der anderen Seite der Stadt. Als er erfährt, dass du allein vor dich hin gammelst, setzt er sich sofort ins Auto, um mit dir den Abend zu verbringen.

Hättest du das Gefühl, dass dieser Freund sich für dich als Freund interessiert? Dann wäre dies wieder ein weiterer Glücksmoment. Sicherlich wären die Gefühle nicht so stark wie im Fall des potenziellen Partners, der sich für dich interessiert. Aber es wäre ein schönes Gefühl und damit ein Glücksmoment.

Wie wäre es mit folgender Situation? Du hast gerade Beziehungsstress, und ein guter Freund ist für dich da (natürlich kein Nebenbuhler, der die Gelegenheit nutzen will!). Hättest du dabei das Gefühl, dass dieser Freund sich für dich interessiert? Das würde ein gutes Gefühl auslösen, und dein Leben wäre um einen weiteren kleinen Glücksmoment reicher.

Stell dir vor, du bleibst nachts mit dem Auto liegen. Du rufst einen Freund an. Der setzt sich ins Auto und kommt sofort, um zu helfen. Wäre dies ein Hinweis, dass er ein echter Freund ist, der sich für dich als Freund interessiert?

Zivilisationsmenschen würden in dieser Situation abermals einen Glücksmoment erleben. Urwaldmenschen dagegen würden den Moment vermutlich nicht registrieren, weil sie viel zu sehr damit beschäftigt wären, dass ihr Scheiß-Auto liegen geblieben ist.

Von einem Arbeitskollegen könntest du natürlich nicht erwarten, dass er dich mitten in der Nacht von der Straße holt. Aber natürlich kann auch er sich für dich interessieren. Er interessiert sich jedoch für dich möglicherweise nicht als Freund, sondern als Arbeitskollege – genau wie du ihn ja auch nicht als Freund, sondern als Arbeitskollegen siehst. Es passt also.

Was ist, wenn ein Arbeitskollege sich einen fachlichen Rat von dir einholt? „Sag mal, du kennst dich doch mit dem Thema gut aus ..."

Wie würdest du dich fühlen, wenn ein Arbeitskollege das zu dir sagt? Würdest du den Hinweis erkennen, dass er deine Meinung und damit dich als Arbeitskollegen schätzt? Würdest du den Hinweis erkennen, dass er sich für dich als Arbeitskollege interessiert? Dann wäre es ein kleiner Glücksmoment während der Arbeitszeit.

Natürlich könnte man solch eine Frage auch ganz anders sehen – wenn du gerade richtig fett in der Urwald-Welt sitzt zum Beispiel. Dann wäre diese Frage vermutlich ein Hinweis darauf, dass dir hier jemand dein Know-how klauen will, um vor den anderen zu glänzen.

Komm also lieber wieder in die Zivilisation. Hier gibt es viel mehr Gelegenheiten für Glücksmomente als im Urwald.

Wo wir uns gerade damit beschäftigen, ob wir für andere Menschen interessant sind: Hast du dir schon einmal Gedanken darüber gemacht, dass es zwei grundsätzlich verschiedene Möglichkeiten gibt, für andere Menschen interessant zu sein?

Wir wollen natürlich für unsere Freunde, unsere guten Bekannten, unsere Lebenspartner oder unsere Arbeitskollegen interessant sein. Aber wir wollen auch interessant sein für Menschen, die wir noch gar nicht kennen. Auf diese Weise haben wir alle unsere Freunde und Bekannten kennen gelernt. Ohne ein gegenseitiges Interesse wäre das nie geschehen.

Es gibt also zwei Formen von Interessantsein: dauerhaftes Interesse und Interesse zum Kennenlernen.

Wenn man einen Menschen kennen lernen möchte, dann versucht man für gewöhnlich, sich irgendwie interessant zu machen.

Stell dir beispielsweise eine Party vor. Hier sind viele Leute, die sich gerne kennen lernen möchten. Was könnte man hier alles tun, um sich interessant zu machen? Die meisten Menschen versuchen, anderen irgendwie zu imponieren. Sie zeigen bei Gelegenheit beispielsweise gerne, was sie drauf haben. Dabei ist es egal, ob sie eine Sprache gut beherrschen, gut Fußball spielen können oder sonst irgendetwas. Alles, was man besonders gut kann, ist geeignet, sich für neue Leute interessant zu machen. Man kann zeigen, dass man etwas Besonderes ist.

Gehen wir einmal davon aus, dass auf dieser Party tatsächlich jemand ist, der richtig was drauf hat. Es ist ein Alleskönner! Er wird es sicherlich schaffen, viele Leute auf der Party für sich zu interessieren. Seine Taktik geht also auf.

Was aber würde geschehen, wenn er diese Maßnahme immer weiter fahren würde? Er hat längst alle davon überzeugt, dass er toll ist. Trotzdem macht er unentwegt damit weiter. Bei jeder Gelegenheit muss er demonstrieren, wie toll er ist.

Stell dir vor, du hättest diesen Menschen auf der Party ebenfalls toll gefunden und dich mit ihm angefreundet. Wie wäre eure Freundschaft nach einigen Jahren, wenn dein Freund weiterhin jede Gelegenheit nutzt, um zu zeigen, wie toll er ist? Womöglich muss er auch immer deutlich machen, dass er besser als andere ist. (Natürlich ist er auch ständig besser als du!)

Wie würdest du dich mit ihm fühlen? Wäre er für dich auch nach Jahren immer noch genauso interessant, weil er richtig was drauf hat?

Was uns für neue Leute zum Kennenlernen interessant macht, muss nicht unbedingt für dauerhafte Beziehungen passend sein – im Gegenteil!

Schauen wir uns ein weiteres Beispiel an. Viele Menschen versuchen, dadurch interessant zu sein, dass sie es anderen recht machen wollen. Stell dir solch einen Menschen ebenfalls einmal auf der Party vor. Sicherlich schafft er es mit seiner Maßnahme, einige Leute für sich zu interessieren. Er zeigt ihnen das, was sie sehen wollen. Doch wie funktioniert seine Taktik, wenn er damit nicht wieder aufhört?

Stell dir vor, du hättest dich mit ihm angefreundet. Wie wäre eure freundschaftliche Beziehung, wenn er nach Jahren immer noch ständig versuchen würde, dir alles recht zu machen? Wärt ihr wirklich noch gute Freunde?

Eine weitere weit verbreitete Maßnahme besteht darin, für andere nützlich zu sein. Menschen, die zu etwas zu gebrauchen sind, genießen in der Kennenlernphase zumeist großes Interesse. Wie aber sieht die freundschaftliche Beziehung aus, wenn dir dein Freund permanent nützlich sein will, damit du ihn weiterhin als Freund akzeptierst?!

Und wie würde deine Beziehung zu einem Freund aussehen, der immer und überall witzig sein muss, damit er glaubt, für dich interessant genug zu sein? Wäre es nicht sehr viel unverkrampfter und damit schöner für euch beide, wenn er sich nicht anstrengen würde, witzig zu sein?

Und wie wäre eure Beziehung, wenn dein Freund immer den Geheimnisvollen spielen müsste, um für dich nach Jahren noch interessant zu sein? Wäre er langfristig nicht viel interessanter, wenn er sich dir zeigen würde, wie er wirklich ist?

Wie du siehst, eignen sich die üblichen Maßnahmen, mit denen wir uns fürs Kennenlernen interessant machen können, nicht, um eine dauerhafte gute freundschaftliche Beziehung aufzubauen. Und dennoch tun wir es fast alle. Bis jetzt zumindest! Denn von nun an kannst du diesem Thema aus der Zivilisations-Welt heraus begegnen. Stell dir vor, du gehst als Zivilisations-Mensch auf die Party. Geh bitte einmal durch das Tor zur Zivilisation hindurch. Was musst du tun, um für neue Leute interessant zu sein?

Für wen willst du eigentlich interessant sein? Für alle Leute dort auf der Party? Wie ist es mit dem Unsympathen, der dich die ganze Zeit angraben will? Willst du für den auch interessant sein?

Ich vermute, du willst nur für die Leute interessant sein, die dich ebenfalls interessieren – für die Leute also, die vermutlich gut zu dir passen würden.

Was, glaubst du, musst du tun, um für Menschen interessant zu sein, die zu dir passen würden?

Betrachte dir die Angelegenheit einmal aus der umgekehrten Perspektive. Was müssten Leute, die viel mit dir gemeinsam haben, auf dieser Party tun, um für dich interessant zu werden?

Nichts! Sie dürften sich nur nicht verstecken. Das ist alles. Und du musst ebenfalls nichts tun! Du bist einfach dadurch interessant, dass du zu den anderen passt. Gleich und gleich gesellt sich gern und Ergänzungen ziehen sich an. Dennoch kannst du natürlich zum Kennenlernen die gleichen Maßnahmen anwenden wie früher.

Sie haben ja funktioniert. Sie funktionieren nur nicht in dauerhaften Freundschaften.

Welche Maßnahmen würdest du in der Zivilisations-Welt verwenden, um dauerhaft für deine Freunde, guten Bekannten oder deinen Partner interessant zu sein? Sind hier überhaupt Maßnahmen notwendig? In Wirklichkeit interessieren sich deine Freunde für deine Persönlichkeit. Lass sie einfach an deinen Erlebnissen, deinen Gefühlen und Ideen teilhaben und verbringe Zeit mit ihnen. Gemeinsame Erlebnisse machen Spaß und sorgen für freundschaftliche Verbundenheit. Das ist das, was deine Freunde für dich interessant macht und dich für deine Freunde. Mehr ist nicht zu tun.

Das Gleiche gilt natürlich auch für eine Partnerschaft. Natürlich will man für seinen Partner dauerhaft interessant sein. Doch das erreicht man nicht, wenn man ihm ständig erzählt, wie toll man ist, oder indem man versucht, ihm alles recht zu machen. Auch für den Partner ist man interessant, weil man gut zusammen passt und gemeinsame Interessen, Ideen und Erlebnisse miteinander teilt. Man tut dadurch automatisch Dinge, die für den Partner interessant sind. Vieles, was man selbst gut findet, wird auch den Partner interessieren und umgekehrt.

Geh noch einmal bewusst in die Welt der Zivilisation und schau dir diesen Sachverhalt einmal genau in deiner Beziehung oder in deinen Freundschaften an.

Hast du Lust auf eine kleine Übung? Du könntest einmal ein paar Situationen durchgehen, in denen du möglicherweise noch mit den falschen Maßnahmen versuchst, für andere interessant zu sein. Gibt es beispielsweise Situationen, in denen du es anderen recht machen willst, um für sie interessant zu bleiben? Oder willst du noch häufig zeigen, wie toll du bist und was du alles kannst? Kennst du das Gefühl, dich für andere wertvoll machen zu wollen?

Kurzbeschreibung

1. Überlege, was du bisher getan hast, um für andere interessant zu sein.
2. Wechsel fünf Mal nacheinander schnell die Welten für jede Urwald-Maßnahme, mit der du dich bisher interessant machen wolltest.
3. Überlege, wie du dich in der Zivilisations-Welt verhalten willst, um interessant zu sein.

Glücksmomente erlebst du natürlich nicht nur, wenn sich jemand für dich interessiert. Es ist auch schön, wenn du erlebst, dass andere Menschen dich einfach so dabeihaben wollen.

Stell dir einmal vor, du sitzt mit deinem Partner gemeinsam im Wohnzimmer. Ihr überlegt gerade, welchen Urlaub ihr machen möchtet. Plötzlich klingelt das Telefon und ein Freund fragt, ob ihr Lust habt, einen Segeltörn mit ihm und seiner Partnerin zu machen. Würdest du das als Hinweis erkennen, dass sie euch dabeihaben wollen? Wie würdest du dich fühlen, wenn dir das bewusst wird? Es wäre doch ein tolles Gefühl, oder? Und damit wäre es abermals ein kleiner Glücksmoment!

Weil ihr euch bei diesem Telefonat total verquatscht habt, kommt ihr zu spät zu dem gemeinsamen Abendessen, das ihr mit anderen Freunden ausgemacht habt. Die haben trotz Hunger mit dem Essen gewartet. Wäre das ein Hinweis, dass ihr ihnen wichtig seid? Wäre es ein Beweis für ihre Freundschaft?

Natürlich sind solche Hinweise keine Beweise! Und natürlich wäre es auch kein Beweis für eine schlechte Freundschaft, wenn eure Freunde nicht auf euch gewartet hätten.

Um Beweise geht es bei den Glücksmomenten nicht. Ob deine Freunde dich mögen oder nicht, weißt du aus ganz anderen Erlebnissen. Auf die vielen kleinen Hinweise zu achten, löst jedoch bei einem Zivilisations-Menschen jedes Mal einen Glücksmoment aus. Und das ist unser Ziel.

Ein Urwaldmensch würde in der gleichen Situation keinen Glücksmoment erleben. Er würde sich Sorgen machen, dass die Freunde ihm böse sein könnten, weil er zu spät gekommen ist.

Nehmen wir noch ein anderes Beispiel. Du gehst vielleicht immer mit deinen Arbeitskollegen mittags in die

Kantine essen. Doch heute kommt etwas dazwischen. Du musst unbedingt noch etwas fertig machen und brauchst daher noch fünf Minuten länger. Deine Arbeitskollegen warten diese fünf Minuten auf dich. Wäre dies nicht schon wieder ein Hinweis, dass sie dich dabeihaben wollen? Dann wäre dies auch einen Glücksmoment wert!

Es gibt mächtig viele Hinweise, dass andere Menschen dich dabeihaben wollen, wenn du in der Zivilisations-Welt lebst. Und jedes Mal erlebst du einen Glücksmoment.

Woran würdest du das bei deinem Partner erkennen können? Stell dir vor, dein Partner wird allein zu einer Party eingeladen, geht aber nicht hin, weil er dich nicht dabeihaben kann. Wäre das ein Hinweis, dass er dich dabeihaben will?

Ich denke, hier wäre der Sachverhalt leicht zu erkennen. Für einen Menschen, der in der Zivilisations-Welt lebt, wäre dies schon wieder ein Grund, sich gut zu fühlen. Es wäre ein Glücksmoment.

Könntest du eigentlich auch erkennen, dass dein Partner auch in Zukunft mit dir zusammenbleiben will? Das sind nämlich ganz besondere Glücksmomente!

Wie wäre es, wenn er dir einen Heiratsantrag macht? Könntest du daran erkennen, dass er dich auch in Zukunft dabeihaben will? (Wenn du das nicht erkennen kannst, dann marsch in die Zivilisations-Welt!)

Oder dein Partner beginnt über eure gemeinsame Zukunft zu reden. Wäre das nicht auch ein deutlicher Hinweis darauf, dass er beabsichtigt, seine Zukunft mit dir zu verbringen?

Dann wäre auch dies einen Glücksmoment wert. Selbst dann, wenn du dir deine Zukunft etwas anders vorstellst als er! Erst einmal solltest du genießen, dass er auch in Zukunft noch mit dir zusammen sein will. Danach lassen sich viel leichter vernünftige Lösungen finden.

Was wäre, wenn dein Partner Verständnis für deine Macken aufbringen würde? Es wäre ein erneuter Hinweis für die Stabilität eurer Beziehung und damit ein Grund für einen Glücksmoment.

Natürlich kannst du die Glücksmomente, dass man beabsichtigt, auch in Zukunft mir dir zusammenzubleiben, nicht nur in der Beziehung, sondern auch in deinem Freundeskreis erleben.

Wie würdest du dich fühlen, wenn du merkst, dass deine Freunde bereit sind, Kompromisse zu machen, damit du auch in Zukunft dabei sein kannst oder willst?

Stell dir einmal vor, du bist Vegetarier. Deine Freunde haben geplant, dass sie sich einmal pro Woche zum Essen in einem Steakhouse treffen wollen, wo es sicher nichts zu essen für dich gibt. Dann fällt einem von ihnen ein, dass du Vegetarier bist. Sofort werden neue Pläne gemacht. Man sucht ein Restaurant, wo auch du etwas zu essen findest. Wäre dies nicht abermals ein Glücksmoment, der darauf hindeutet, dass deine Freunde dich auch in Zukunft noch dabeihaben wollen?

Schauen wir uns einmal deinen Kollegenkreis an. Vielleicht finden wir ja sogar dort Glücksmomente dadurch, dass die Arbeitskollegen auch in Zukunft mit dir zusammenarbeiten wollen, wenn wir genau hinschauen.

Wie fühlst du dich, wenn ein Arbeitskollege, den du sehr schätzt, ein Projekt vorschlägt, das er mit dir gemeinsam durchführen möchte? Wäre das ein gutes Gefühl? Ich denke schon! Und damit haben wir auch hier einen Glücksmoment.

Es gibt ja viele Menschen, die sich mit dir als Freunde, gute Bekannte oder Arbeitskollegen ergänzen und mit denen du auch viele Gemeinsamkeiten hast. Ebenso wie du die Ergänzungen und Gemeinsamkeiten mit anderen erkennst, so erkennen auch sie diese bei dir.

Was meinst du? Wie viele von den Menschen, für die du dich interessierst, interessieren sich auch für dich? Nicht viele oder viele?

Und wie viele Menschen, die du in deinem Freundeskreis dabeihaben willst, wollen auch dich dabeihaben? Nicht viele oder viele?

Und wie viele Menschen, mit denen du dir eine gemeinsame Zukunft vorstellst, stellen sich auch eine gemeinsame Zukunft mit dir vor? Nicht so viele oder viele?

Dann geh bitte noch einmal mit fünf Wiederholungen bewusst in deine Zivilisations-Welt und mach dir das dabei bewusst. Es gibt in der Zivilisations-Welt sehr viele Menschen, die sich für dich interessieren, die dich dabeihaben wollen und auch in Zukunft daran interessiert sind, mit dir zusammen zu sein. Du kannst deine Zivilisations-Welt also noch einmal deutlich verbessern. Ich warte wieder so lange.

Du weißt sicherlich noch, welchen Unterschied es gemacht hat, als du deine Freunde und Bekannten aus der Zivilisations-Welt heraus in die richtigen Kategorien eingeordnet hast.

Was glaubst du, was für einen Unterschied es macht, wenn du jetzt nicht nur die anderen in die richtigen Kategorien steckst, sondern auch von ihnen in der richtigen Kategorie erwünscht sein möchtest? Mit anderen Worten: Du willst für einen Arbeitskollegen, den du selbst nur als Arbeitskollegen interessant findest, ebenfalls nur als Arbeitskollege interessant sein und zum Beispiel nicht von ihm als potenzieller Partner gesehen werden – oder?

Viele Menschen wollen so etwas tatsächlich. Ihnen ist es aus den verschiedensten Gründen zu wenig, wenn sie nur als Arbeitskollege gemocht werden. Sie wollen in der höchsten Kategorie erwünscht sein, denn das bietet die größte Sicherheit, dass man wirklich dazugehört – zumindest aus der Urwaldsichtweise. Sie drücken das dann meistens so aus: „Ich weiß, dass sich der und der für mich interessiert, aber nicht so richtig!"

Thomas, der Freund, den ich bereits erwähnte, sagte einmal zu einer Klientin während der Beratung: „Ich werde dich nicht heiraten!“

Die Frau fiel aus allen Wolken. Sie schaute ihn verwirrt an und antwortete: „Halt mich jetzt nicht für verrückt, aber das macht mir was aus! Das gibt's doch gar nicht!“

In Wirklichkeit gibt es das sehr häufig. Es ist eher die Regel als die Ausnahme. Die meisten Menschen wollen aus der Urwald-Welt heraus in der höchsten Kategorie erwünscht sein. Und das testen sie auch regelmäßig. Es wird geflirtet, was das Zeug hält, um eine Bestätigung zu bekommen, dass man als potenzieller Partner noch auf dem Markt ist! ☺

Aus der Sicht der Urwald-Welt ist das eine wichtige Gewissheit – aus der Sicht der Zivilisations-Welt einfach nur eine Möglichkeit mehr, sich das Leben unnötig schwer zu machen!

Thomas sagte auch einmal zu einem Seminarteilnehmer (natürlich aus einem bestimmten Grund): „Meine Frau ist mir wichtiger als du!“

Auch dieser Teilnehmer war verdutzt, dass ihm diese selbstverständliche Aussage sehr schlechte Gefühle bereitete.

Solche Aussagen machen jedem schlechte Gefühle, der sich emotional in der Urwald-Welt befindet. Es wird als emotionale Verletzung empfunden. Das gilt jedoch nicht für Menschen, die sich die Situation aus der Zivilisations-Welt heraus betrachten. Für die ist es einfach nur eine ganz selbstverständliche Aussage.

Ich möchte dir eine kleine Übung vorschlagen, die dein Leben wieder sehr deutlich um viele Glücksmomente bereichern kann. Hast du Lust dazu?

Dann geh noch einmal kurz in die Urwald-Welt. Denk dort an einen Arbeitskollegen, den du zwar als Arbeitskollegen magst, aber nicht zum Freund haben willst. Stell dir vor, du wolltest bei diesem Arbeitskollegen trotzdem als bester Freund erwünscht sein, damit er in einer Krisensituation zu dir hält. Natürlich betrachtet er dich nicht als besten Freund. Du bist ja nur ein Arbeitskollege. Wie würdest du dich fühlen? Und wie würdest du auf ihn wirken?

Jetzt geh bitte wieder aus dieser Welt heraus vor die beiden Tore. Zum Glück war dies ja nur die Illusionswelt des Urwalds. Jetzt gehen wir in die richtige Welt.

Kämst du in der Zivilisations-Welt überhaupt auf die Idee, von diesem Arbeitskollegen als bester Freund angesehen werden zu wollen? Ich denke nicht!

Wie fühlst du dich also hier gegenüber deinem Arbeitskollegen, wenn du von ihm in der gleichen Kategorie erwünscht sein möchtest? Und wie verhältst du dich ihm gegenüber? Wie würdest du auf ihn wirken? Ich denke, sehr viel positiver, oder?

Hast du Lust auf eine weitere kleine Übung, mit der du dein Leben abermals um richtig viele Glücksmomente bereichern kannst?

Dann nimm dir einmal deinen gesamten Bekanntenkreis vor und schau dir an, in welchen Kategorien du von diesen Menschen erwünscht sein möchtest. Gibt es dort Arbeitskollegen, die dich als guten Freund mögen sollen? Oder gibt es gar weitläufige Bekannte, die dich als potenziellen Partner sehen sollen?

Solltest du solche Leute finden, dann wechsel mit dem Gedanken an den entsprechenden Menschen fünf Mal schnell die Welten. Danach überlegst du noch einmal, in welcher Kategorie du bei diesem Menschen wirklich erwünscht sein möchtest.

Ich wünsche dir viel Spaß mit den zukünftigen Glücksmomenten, die du durch nachfolgende Übung zweifellos in dein Leben ziehen wirst.

Kurzbeschreibung

1. Gehe die Menschen aus deinem Bekanntenkreis nacheinander durch und spüre nach, in welchen Kategorien du bei ihnen erwünscht sein möchtest.
2. Sind es die gleiche Kategorien, in denen du sie als passend beurteilst?
3. Wenn nein, wechsel fünf Mal nacheinander schnell die Welten, während du an den jeweiligen Menschen denkst.
4. Überlege erneut, in welcher Kategorie du bei diesem Menschen erwünscht sein möchtest.

Fühl dich wie zu Hause!

Wie fühlst du dich, wenn du ein Wochenende bei einem Freund übernachten willst und er zu dir sagt: „Fühl dich wie zu Hause!“?

Wie würdest du dich fühlen, wenn dein Chef in der Firma zu dir sagt: „Sie haben freie Hand. Sie können alles tun, was sie für richtig halten. Sie kriegen jede Unterstützung von mir.“?

Und wie würdest du dich fühlen, wenn deine neue Liebe beim Sex zu dir sagt: „Du kannst alles mit mir machen, was ich will!“ ☺

Hast du schon eine Idee, auf was ich hinauswill?

Wie würdest du dich fühlen, wenn du so viel Geld im Lotto gewinnen würdest, dass du nie wieder arbeiten musst? Du kannst mit dem Geld die Welt bereisen oder dir eine tolle Villa kaufen. Du kannst mit deiner Motorjacht herumfahren oder an den schönsten Stränden der Welt die leckersten Cocktails schlürfen. Kurz: Du kannst damit alles machen, was du immer schon wolltest. Wie würdest du dich also fühlen mit dieser Freiheit?

Das ist genau der Punkt, auf den ich hinauswollte. Du würdest dich frei fühlen! Momente, in denen du dich frei fühlst, gehören nämlich ebenfalls zu den Glücksmomenten im Leben. Sie können unter Umständen sogar wahre Freudentänze auslösen.

Auch hier ist es natürlich sinnvoll, diese Momente wirklich zu erkennen, bevor man anfängt, noch mehr davon in sein Leben ziehen zu wollen.

Die Momente des Freifühlens sind aufgrund unserer Urwaldsichtweise der Welt noch einmal deutlich versteckter als die Glücksmomente, über die wir in den letzten beiden Kapiteln gesprochen haben. Die Folge: Kaum jemand in unserer Gesellschaft fühlt sich wirklich richtig frei.

Stellen wir uns einmal eine ganz alltägliche Situation im Büro vor. Halt, warte! Geh zuerst noch einmal in die Urwald-Welt hinein, denn da befinden sich die meisten Menschen emotional, wenn sie ins Büro gehen. Sonst wird die nachfolgende Situation unrealistisch.

Stell dir vor, du bist Abteilungsleiter in einer großen Firma. Einer deiner Mitarbeiter kommt zur Tür herein und stellt dich vor die Wahl, mehr Geld zu bekommen oder zu kündigen. Du brauchst ihn aber, denn ohne ihn kann deine Abteilung ihre Aufgaben nicht vollständig erledigen.

Du gehst also zu deinem nächsten Vorgesetzten und versuchst, von ihm die Genehmigung zu bekommen, diesem Mitarbeiter mehr Geld zu geben. Denn leider kannst du das nicht selbst entscheiden.

Dein Vorgesetzter bewilligt die Gehaltserhöhung jedoch nicht. Er drückt sich stattdessen folgendermaßen aus: „Wenn Sie hier als Manager arbeiten wollen, dann müssen Sie solche Situationen handhaben können.“

Auf die Frage hin, was du jetzt seiner Meinung nach tun sollst, bekommst du folgende Antwort: „Entweder Sie kriegen das mit dem Mitarbeiter auf die Reihe, oder Sie sind für diesen Job nicht geeignet."

Das war eine klare Ansage. Du wurdest vor die Wahl gestellt, entweder die Situation in den Griff zu kriegen oder zu kündigen.

Gehen wir einmal davon aus, dass du dich für deinen Job entscheidest. Du musst also für deinen Mitarbeiter eine Lösung finden.

Du sitzt also ratlos in deinem Büro. Die Tür geht auf und der Betriebsratsvorsitzende steht vor dir. Er bietet dir mit folgenden Worten seine Hilfe an:

„Wenn Sie Herrn X keine Gehaltserhöhung geben, dann müssen Sie sich warm anziehen, das kann ich Ihnen versprechen!"

Zieh dich jetzt mal bitte wieder aus der Urwald-Welt heraus und komm vor die beiden Tore. Die gleiche Situation läuft natürlich auch in der Zivilisations-Welt ab. Du kannst durch das Zivilisations-Tor bereits das Büro sehen, in dem der Betriebsratsvorsitzende aufgetaucht ist. Geh jetzt bitte in diese Welt hinein.

Der Betriebsratsvorsitzende lässt auch in der Zivilisations-Welt den gleichen Spruch ab: „Wenn Sie Herrn X keine Gehaltserhöhung geben, dann müssen Sie sich warm anziehen, das kann ich Ihnen versprechen!"

Du hast jetzt folgende Möglichkeiten: Du kannst versuchen, gegen Windmühlen zu kämpfen, oder dich mit dem Betriebsrat verbünden. Stell dir das Gesicht des Betriebsratsvorsitzenden vor, wenn du aufstehst, zu ihm hingehst und ihm die Hand schüttelst: „Danke für Ihre Unterstützung! Ich sehe es ja genauso!"

Möglicherweise würdest du mit dem Betriebsrat auf deiner Seite tatsächlich einen Weg finden, wie du deinem Vorgesetzten Druck machen kannst, damit dein Mitarbeiter seine wohlverdiente Gehaltserhöhung bekommt. Vielleicht findet ihr zusammen sogar mehrere Wege! Wie würdest du dich fühlen, wenn ihr gleich mehrere gute Wege zur Auswahl hättet? Gut, oder? Dann wäre dies zweifellos ein Glücksmoment!

Was glaubst du, in welcher Welt du mehr von diesen Glücksmomenten erleben kannst? In der Urwald-Welt oder in der wirklichen Welt von heute?

Weißt du eigentlich, worin sich erfolgreiche Menschen von den nicht erfolgreichen hauptsächlich unterscheiden? Die Erfolgreichen sehen einfach in jeder Situation viel mehr Wahlmöglichkeiten.

Stell dir einmal vor, du bist auf der Suche nach einem Partner. Du befindest dich gerade auf einer Party mit fünfzig Gästen. Und da steht er!

Welche Wahlmöglichkeiten hast du, um ihn kennen zu lernen? Du könntest dich heranpirschen oder heranpirschen lassen. Das wäre schon einmal die erste Wahl, die du zu treffen hast.

Gehen wir einmal davon aus, du hast dich fürs Heranpirschen entschieden. Welche Wahlmöglichkeiten hättest du dazu?

In welcher Welt befindest du dich eigentlich jetzt gerade bei dieser Vorstellung? Wärst du in dieser Situation unsicher und hättest das Gefühl, dass du mit einem dummen Spruch seine Aufmerksamkeit erringen musst? Dann bist du in der Urwald-Welt.

Welche Gefühle hättest du jedoch, wenn du dich in der Zivilisations-Welt befindest? Du würdest sicherlich das große Interesse spüren, das du für ihn hast. Dir wäre jedoch bewusst, dass dein Glück nicht davon abhängt, ob du diesen Menschen kennen lernen kannst oder nicht.

Welche Möglichkeiten hättest du mit diesen Gefühlen, auf ihn zuzugehen? Wie wäre deine Wirkung auf ihn, wenn du das Interesse spürst, ihn kennen zu lernen?

Könntest du dir vorstellen, dass du mit den Gefühlen der Zivilisations-Welt einen Glücksmoment aus dieser Situation machen könntest? Ich denke schon.

Gehen wir einmal davon aus, du hättest dich fürs Heranpirschenlassen entschieden. Das bedeutet, du würdest versuchen, seine Aufmerksamkeit auf dich zu ziehen. Würden dir in diesem Moment Möglichkeiten einfallen, wenn du in der Zivilisations-Welt bist? Du könntest in seiner Nähe tanzen. Du könntest seinen Blickkontakt suchen und dann wieder wegschauen, damit er nicht so recht weiß, ob du ihn jetzt wirklich angeschaut hast oder nicht. Du könntest viel Spaß auf der Party haben, damit er sehen kann, was für ein lebensfroher Mensch du bist. Du könntest dich zu der gleichen Gruppe gesellen wie dein Auserwählter und dich nach allen Regeln der Kunst interessant machen.

Du hättest aus der Zivilisations-Welt heraus sicherlich viele Wahlmöglichkeiten. Wie würdest du dich dabei fühlen, wenn du erkennst, dass du viele Möglichkeiten hast? Es wäre ein gutes Gefühl, oder? Ein weiterer versteckter Glücksmoment, den man sehr leicht übersehen kann, wenn man ihn nicht erkennt.

Die Welt steckt voller kleiner Entscheidungen, die wir jeden Tag zu Hunderten treffen. Wann immer uns bewusst ist, dass wir die freie Wahl haben, für welche Möglichkeit wir uns entscheiden wollen, fühlen wir uns gut. Es ist schön, frei entscheiden zu können. Und damit steckt jeder Tag voller Möglichkeiten, sich tolle Glücksmomente der Entscheidungsfreiheit bewusst zu machen.

Wie gesagt sind diese Glücksmomente durch unsere Urwaldemotionen meistens sehr versteckt. Wir empfinden diese Momente also nur selten als Glück. Daran sollten wir etwas ändern! Wir werden uns dazu wieder einmal die Urwald-Welt anschauen.

Geh also noch einmal bewusst in diese Welt hinein. Die Party, von der wir eben gesprochen haben, findet im

Urwald statt. Stell dir vor, du warst mit deinen Bemühungen erfolgreich, diesen Menschen auf der Party kennen zu lernen. Ihr stellt beide am gleichen Abend noch fest, dass ihr unheimlich gut zusammenpasst. Das Problem ist: Er wohnt auf den Bahamas!

Wie würdest du dich in der Urwald-Welt in diesem Moment fühlen? Sicherlich nicht so toll!

Dann zieh dich dort wieder heraus und komm vor die beiden Tore. Glücklicherweise ist dies ja nur eine Illusionswelt gewesen. Die wirkliche Welt siehst du durch das rechte Tor hindurch. Geh also jetzt durch das Zivilisationstor hindurch in unsere heutige Welt.

Auch hier erlebst du, dass dieser Mensch der Richtige ist. Und auch dieses Mal wohnt er auf den Bahamas.

Welche Wahlmöglichkeiten fallen dir jetzt ein? Als Erstes hast du natürlich die Wahl, ob du unter diesen Umständen eine Beziehung mit ihm eingehen möchtest oder nicht. Diese Wahl hast du in der Zivilisation immer, weil es hier nicht nur diesen einen Partner für dich gibt. Welche Möglichkeiten hättest du noch? Mach dir bitte einmal einen Augenblick Gedanken darüber.

Wie fühlst du dich, wenn dir ein paar Möglichkeiten eingefallen sind, wie du mit diesem Menschen trotzdem eine glückliche Beziehung leben kannst? Wie fühlst du dich, wenn du mit anderen Worten die Freiheit hast, mit ihm zusammenzuleben? Gut, oder? Und wieder könntest du einen weiteren Glücksmoment der Freiheit auf deinem Glückskonto verbuchen!

Keine anderen Glücksmomente sind in unserem Leben so gut versteckt wie die Momente der Freiheit. Ich habe es bereits erwähnt.

Im Urwald gab es auch noch nicht so viele freie Momente. Unser Anführer konnte über uns bestimmen. Er konnte uns mit Gewalt dazu zwingen, eine giftige Frucht zu essen. In solch einem Moment hätten wir keine Wahl gehabt. „Friss oder stirb“ ist keine Wahl!

Wie sieht es in der Zivilisation aus? Stell dir vor, du gehst in der Zivilisation ins Büro und wirst zum Chef gerufen. Er hält dir eine giftige Frucht hin und sagt: „Friss oder stirb!“

Würdest du diese Frucht essen? Sicherlich nicht! Du hättest die Wahl, ob du diese Frucht isst oder nicht.

Aber werden wir ein wenig realistischer. Stell dir vor, dein Chef stellt dich vor die Wahl, jeden Tag zwei unbezahlte Überstunden zu machen oder zu kündigen. Hast du hier eine Wahl? Natürlich hast du die! Das ist keine Friss-oder-stirb-Entscheidung.

Geh jetzt noch einmal kurz in die Urwald-Welt und stell dir die gleiche Situation vor. Hast du hier auch das Gefühl, dass es keine Friss-oder-stirb-Entscheidung ist?

Geh bitte noch einmal in die Zivilisations-Welt. Denk an all deine Freunde und an die vielen Menschen in dieser Welt, die dich mögen. Denk daran, dass du hier auch nicht verhungern oder erfrieren musst, wenn du arbeitslos wärst.

Und jetzt stell dir vor, dein Chef gibt dir eine blöde Arbeit. Ist dies eine Friss-oder-stirb-Entscheidung, oder hast du auch hier noch mehrere Möglichkeiten, wie du dich entscheiden kannst? Könntest du vielleicht versuchen, deinem Chef den Unsinn auszureden? Oder könntest du ihm einfach sagen, dass du das nicht machen willst? Hättest du solche Wahlmöglichkeiten, oder wärst du gezwungen, zu tun, was er verlangt?

Dir ist klar, wie deine Gefühle in der Urwald-Welt aussehen würden, oder? Hier würdest du die gleiche Situation als Friss-oder-stirb-Entscheidung aufnehmen.

Du hast solch eine Situation sicherlich schon einmal erlebt. Warst du dabei eher in der Urwald-Welt oder eher in der Wirklichkeit von heute?

In Zukunft wirst du jedenfalls in der Wirklichkeit von heute sein können, wenn so etwas passiert. Du hast nämlich auch bei der Auswahl deiner Welten die freie Wahl!

Stell dich in Gedanken noch einmal vor die beiden Tore. Du hast wirklich die Wahl, in welche der beiden Welten du hineingehen möchtest. Willst du mal wieder ein bisschen Stress, gehst du durch das linke Tor. Willst du möglichst viele Glücksmomente in dein Leben ziehen, gehst du durch das rechte Tor. Du hast in jeder Lebenssituation die Wahl, durch welche Tür du gehst. Das ist doch ein schönes Gefühl, oder?

Es kann jedes Mal ein weiterer Glücksmoment sein, wenn du dich bewusst aus der Urwald-Welt herausziehst und in die Zivilisations-Welt hineingehst. Es ist ein Glücksmoment der freien Wahl!

Schauen wir uns das einmal anhand einiger Beispiele an. Stell dir vor, dein Partner will, dass du die Wohnung aufräumst.

Möglicherweise verfrachtet dich diese Vorstellung sofort wieder in die Urwald-Welt. Das kannst du dir doch wohl nicht bieten lassen, oder?

Zum Glück fällt dir jedoch ein, dass du die Wahl zwischen zwei Welten hast. Du ziehst dich also aus der Urwald-Welt heraus und siehst die beiden Tore vor dir. Ist das nicht direkt schon ein gutes Gefühl, zu wissen, dass man die Wahl hat, jederzeit in die Wirklichkeit von heute hineinzugehen?

Du gehst anschließend durch das Tor zur Zivilisation und wirst dir darüber bewusst, dass du in dieser Situation frei entscheiden kannst, ob du aufräumst oder nicht.

Stell dir weiterhin vor, dein Partner will unbedingt mit dir Lampen einkaufen gehen. Nichts hasst du mehr als Lampen einzukaufen! Aber zum Glück hast du in der Zivilisations-Welt die Wahl, ob du mit dem Partner Lampen einkaufen gehst oder nicht. Es ist nicht nötig, darüber zu streiten.

Dann will dein Partner dummerweise die Lampen nicht aufhängen. Du kannst es jedoch nicht selbst. Das wäre doch schon wieder einmal ein Grund, sich emotional mitten in den Urwald zu begeben. Es gäbe Streit, dass die Lampen wackeln!

Doch zum Glück muss das nicht so laufen, denn du hast ja zwei Welten zur Auswahl. Du kannst in die Zivilisations-Welt gehen und erkennen, dass es viele Möglichkeiten gibt, wie du mit dieser Situation umgehen kannst. Du kannst beispielsweise auch andere Menschen darum bitten, die Lampen aufzuhängen.

Geh bitte noch einmal in die Zivilisations-Welt, in der du weißt, dass es unglaublich viele Menschen gibt, die du magst und die dich mögen. Auch gibt es sehr viele Menschen, die als Freunde oder eventuell sogar als zukünftige Partner in Frage kämen.

Jetzt stell dir vor, dein Beziehungspartner stellt dich vor ein Ultimatum. Wenn du dich nicht änderst, wird er dich verlassen. Ist dies eine Friss-oder-stirb-Entscheidung? Sicherlich nicht! Die Wahl liegt auch hier bei dir. Dein Beziehungspartner kann dich nicht zwingen. Er kann nur auf diese Weise anregen, dass du eine Entscheidung triffst. Diese Entscheidung triffst auf alle Fälle du. Du hast also auch hier die Wahl. Ist diese Situation also auch ein Glücksmoment der freien Wahl? Sicherlich nicht!

Du hast die freie Wahl, aber es ist kein Glücksmoment.

Ich erinnere noch einmal an die erste Erkenntnis, die wir aus der Geschichte mit Scotty und dem Paradies gelernt haben: Auch im Paradies gibt es Scheiße!

Die Welt von heute bietet uns nicht die Möglichkeit, permanent und ohne Unterbrechung nur noch Glücksmomente zu erleben. Aber sie bietet uns insbesondere, wenn es um unsere freie Wahl geht, tausendmal mehr Möglichkeiten dazu als die Urwald-Welt.

Egal, was es in deinem Leben zu entscheiden gilt, du kannst so gut wie jede Entscheidung zu einem Glücksmoment der freien Wahl machen. Fast alle, wohlgemerkt! Es gibt Situationen, in denen wir zwar frei entscheiden können, aber die Alternativen bestehen trotzdem nur aus Elefantenscheiße. Wir nehmen dann halt den kleineren Haufen. Aus solchen Entscheidungen unbedingt einen Glücksmoment erzwingen zu wollen, kann fatale Folgen haben. Ich betone dies so deutlich, weil es einer der Hauptgründe ist, warum manche Menschen unser Glückskonzept nach kurzer Zeit wieder verwerfen.

Sie suchen nach der ultimativen Lösung für jedes Problem. Es genügt ihnen nicht, dass sie in der Zivilisations-Welt tausend Mal glücklicher sein könnten als in der Urwald-Welt. Auch, dass sie gute Lösungen sicherlich sehr viel eher mit Zivilisations-Gefühlen finden würden als mit Urwald-Gefühlen, ist ihnen nicht genug. Anstatt den Tag mit möglichst vielen Glücksmomenten zu füllen, suchen sie lieber mit Urwald-Gefühlen nach Situationen, in denen eine vorgeschlagene Methode vielleicht doch nicht funktioniert.

Ich gehörte früher selbst zu diesen Menschen und weiß daher genau, wie sich das anfühlt. Was glaubst du, wie mein Leben ausgesehen hat? War ich glücklicher als die Menschen, denen eine gute Lösung gut genug war? Sicherlich nicht!

Mit der Einschränkung, nur die ultimative Lösung für alle Probleme akzeptieren zu wollen, habe ich alles andere als Glücksmomente erlebt!

Du hast also auch hier wieder einmal die freie Wahl. Strebst du nach der ultimativen Lösung, oder nimmst du erst einmal die, die tausend Mal besser ist, und hältst weiter Ausschau nach einer noch besseren?

Kaum ein Mensch weiß etwas davon, dass er emotional in der Urwald-Welt lebt. Noch weniger wissen sie von der freien Wahl, in die Zivilisations-Welt zu gehen. Diese Wahl zu haben, ist also etwas Besonderes. Es ist nicht die ultimative Methode zur Lösung aller Weltprobleme, aber es ist die beste Methode zum Glücklichsein, von der ich je gehört habe. Du kannst dir damit unendliche viele Glücksmomente in dein Leben ziehen.

Ich möchte dir auch zu diesem Thema eine kleine Übung vorschlagen.

Kurzbeschreibung

1. Denk an eine Situation, in der du dich freier fühlen möchtest.
2. Wechsel fünf Mal schnell die Welten, während du an diese Situation denkst.
3. Mach dir bewusst, dass du im Hier und Jetzt in der Zivilisation die freie Wahl hast, welche Entscheidung du triffst.
4. Entscheide dann, ob diese Situation geeignet ist, einen Glücksmoment aus deiner Freiheit zu machen.

Das Glück, sich einzubringen

Stell dir einmal vor, der Kontinent, auf dem deine Urwaldgruppe lebt, hätte sich gespalten. Auf beiden Kontinenten gibt es danach eine kleine Gruppe von Menschen.

Auf dem einen Kontinent hat niemand die Motivation, einen anderen von irgendetwas zu überzeugen. Jeder lässt den anderen so sein, wie er sein will. Jeder lässt jeden das tun, was er tun will. Jeder macht also so ziemlich sein eigenes Ding, und jeder lässt jeden tun, was er tun möchte. Das wäre doch eine schöne Gruppe, oder? Wie würdest du dich in dieser Welt fühlen?

Schauen wir uns dann noch den zweiten Kontinent an. In dieser Urwald-Gruppe versucht jeder, die anderen von seinen Ideen zu überzeugen. Es wird heftig diskutiert und argumentiert. Jeder will hier seine Ideen durchsetzen. Wie würdest du dich in dieser Gruppe fühlen?

In welche Gruppe möchtest du lieber? Ich vermute einmal, dass dir die erste Gruppe sicherlich besser gefallen hat, oder?

Doch lass uns noch einmal gemeinsam überlegen, welche Konsequenzen diese Entscheidung hätte. Du kennst die raue Welt des Urwalds mit all ihren wilden Tieren und der Gefahr, im Winter zu erfrieren oder zu verhungern.

In welcher der beiden Gruppen wären deine Überlebenschancen größer? In der Gruppe, in der jeder sein eigenes Süppchen kocht, oder in der, in der jeder versucht, seine Ideen einzubringen?

In der rauen Welt des Urwalds stellt das Leben harte Anforderungen für das Überleben. Welche der beiden Gruppen hätte mehr Chancen, Lösungen für diese Anforderungen zu finden und diese auch umzusetzen?

Wie sieht es bei der ersten Gruppe aus? Hier könnte es sein, dass jemand aus der Gruppe ganz allein auf eine gute Idee kommt. Stell dir einmal vor, dass du dieser jemand bist, und geh in diese Welt hinein.

Du kannst deine Idee möglicherweise nicht ohne die anderen aus der Gruppe umsetzen. Sie müssten dabei helfen. Doch hier versuchst du nicht, einen anderen von irgendetwas zu überzeugen. Deine Idee wird also nicht durchgeführt! Die Folge: Dein Leben und das Leben der gesamten Gruppe wird in ernsthafte Gefahr kommen.

Schauen wir uns die zweite Gruppe noch einmal an. Hier würdest du deine Idee unbedingt einbringen wollen. Deine Idee würde sicherlich erst einmal von den anderen aus deiner Gruppe kritisch überprüft. Es wird jede Eventualität ausdiskutiert. Die Chance, dass deine Idee nach der Überprüfung tatsächlich für gut befunden wird, ist ungleich höher als bei der ersten Gruppe, in der niemand deine Idee überprüft hat.

Du und die Leute, die sich von der Tauglichkeit deiner Idee überzeugt haben, würden natürlich jetzt versuchen, den Rest der Gruppe dazu zu bewegen, die Idee auszuführen. Und wieder einmal wäre die Chance, dass deine eventuell lebensrettende Idee in die Tat umgesetzt würde, ungleich höher als in der ersten Gruppe.

Geh jetzt bitte bewusst durch das Tor zur Zivilisation und spüre einmal in dich hinein! Wie fühlst du dich, wenn du eine obergeniale Idee hast, von der viele Menschen extrem profitieren könnten? Willst du dich mit dieser Idee einbringen?

Wenn nicht, gehörst du einer aussterbenden Rasse an! Denn Menschen, die nicht das Bedürfnis hatten, sich mit ihren Ideen einbringen zu wollen, wären in der Frühzeit des Menschen sicherlich ausgestorben.

Ich vermute jedoch, dass du keiner aussterbenden Rasse angehörst – genauso wenig wie alle anderen Menschen auf diesem Globus. Jeder Mensch hat dieses Bedürfnis. Und jeder Mensch erlebt einen Glücksmoment, wenn er sich mit seinen Ideen einbringen kann. Das Gleiche gilt für seine Fähigkeiten, mit denen er sich einbringen kann.

In der Welt der modernen Zivilisation geht es natürlich selten wirklich um die Überlebensfrage. Mit vielen unserer Ideen und Fähigkeiten wollen wir einfach unseren Lebensstandard verbessern.

Stell dir einmal vor, beide Gruppen im Urwald hätten in der Steinzeit auf verschiedenen Kontinenten überlebt.

Was meinst du, welcher Gruppe es in der heutigen Zivilisation besser gehen würde? Derjenigen, bei der niemand seine Ideen und Fähigkeiten einbringen möchte, durch die es allen besser gehen könnte, oder der Gruppe, bei der jeder versucht, sich einzubringen?

Wie fühlst du dich, wenn du solch eine Idee hast, durch die es vielen besser gehen könnte? Und wie fühlst du dich, wenn du eine Idee eines anderen kritisch überprüfen und verbessern kannst? Du fühlst dich jedes Mal gut, stimmt's?

Wir erleben Glücksmomente, wenn wir solche Ideen finden, und wir erleben Glücksmomente, wenn wir andere von unserer Idee überzeugen können. Wir erleben Glücksmomente, wenn wir die Ideen anderer überprüfen können.

Genauso erleben wir Glücksmomente, wenn wir eine Fähigkeit besitzen, die wir zu unserem eigenen und dem Wohl der Gemeinschaft einbringen können.

Wir erleben also Glücksmomente, wenn wir uns einbringen können. So hat die Natur uns gewollt!

Du kannst diese Glücksmomente sehr viel intensiver genießen, wenn du es bewusst und in der Zivilisation tust.

Die Maßnahmen, mit denen man versucht, sich in der Zivilisations-Welt einzubringen, unterscheiden sich von unseren Urwald-Maßnahmen erheblich. Im Urwald versucht man, seine Ideen mit Druck durchzusetzen. Dazu ist es natürlich gut, wenn man eine möglichst hohe Position in der Rangordnung hat.

In der Zivilisations-Welt gibt es keine unterschiedlich hohen Positionen in der Rangordnung mehr. Jeder hat hier die gleichen Rechte. Daher lässt sich hier niemand gerne Druck machen. Man reagiert dann mit Gegendruck.

Bringt jedoch jemand seine Ideen und Fähigkeiten dadurch ein, dass er sie verständlich und ohne Druck anbietet, sind die Chancen, Gehör zu finden, sehr viel höher. Je nachvollziehbarer und begeisternder solch eine Idee vorgetragen wird, desto größer ist die Chance, sich damit einbringen zu können.

Schauen wir uns dazu einmal ein paar Beispiele aus dem Alltag an: Stell dir einmal vor, dass dein Partner heute Abend ausgehen will. Du hattest dir jedoch einen romantischen Abend zu Hause vorgestellt. Wenn du jetzt deinem Partner tief in die Augen schaust und ihm von deinem Vorhaben schmachtend erzählst, könnte dies vielleicht einen kleinen Einfluss auf seine Entscheidung ausüben? Wenn ja, würdest du einen Glücksmoment erleben.

Nehmen wir noch ein anderes Beispiel. Du erinnerst dich an die Geschichte mit dem Steakhouse. Alle deine Freunde wollen dahin. Du weißt, dass deine Freunde dich alle dabeihaben wollen. Wenn du jetzt die Bemerkung fallen lässt, dass du leider Vegetarier bist und deshalb nicht mitgehen kannst, kann es dann sein, dass du damit einen Einfluss auf deine Freunde hättest? Und wieder hätten wir einen netten Glücksmoment!

Stell dir einmal vor, du hättest eine bahnbrechende Idee, wie die Firma, in der du arbeitest, viel Geld sparen kann. Du gehst zum Chef und erklärst ihm den ganzen Sachverhalt begeistert mit für ihn verständlichen und überzeugenden Argumenten. Hättest du damit die Chance, dass deine Idee Gehör findet? Ganz sicher sogar! Wie würdest du dich dabei fühlen? Es wäre also ein weiterer Glücksmoment!

Nehmen wir als weiteres Beispiel einmal an, ein mit dir befreundetes Paar will sich trennen. Du hast allerdings mitbekommen, dass das Ganze nur auf einem Missverständnis beruht. Beide wollen mit dir reden. Hast du hier Möglichkeiten, dich für alle Beteiligten sinnvoll einzubringen? Welche Möglichkeiten hättest du? Und wie würdest du dich dabei fühlen? Wenn du den Streit aus der Zivilisations-Welt heraus schlichten würdest, könntest du sicherlich viele Glücksmomente dabei erleben. Säßest du jedoch mitten in den heftigsten Urwaldgefühlen, weil deine Gruppe droht, auseinander zu brechen, wäre diese Situation eine Katastrophe. Du würdest Druck machen und damit alles nur verschlimmern.

Auch bei dieser Art von Glücksmomenten ist es von unschätzbarem Wert, in der Zivilisation leben zu können.

Was meinst du, in welcher Welt du deine Idee besser einbringen kannst? Wo bist du mitreißender? Wo bist du überzeugender? Wo ist deine Idee sinnvoller? Wenn sie auf der Illusionswelt und damit auf den Gefahren einer Urwald-Welt aufbaut oder wenn sie sich an der Wirklichkeit von heute orientiert?

Und in welcher Welt wirst du bei deinen Zielen besser unterstützt? Wenn du durch die Zivilisations-Welt überzeugender warst, oder wenn du aufgrund deiner Urwaldgefühle Druck ausgeübt hast?

Natürlich kann man auch versuchen, sich mit Urwaldmaßnahmen mit seinen Ideen einzubringen. Schauen wir uns einmal an, wie dies in einer Partnerbeziehung aussehen würde. Nehmen wir einmal an, dass dein Partner nie den Müll rausbringt.

Stell dir dazu wieder vor, du stehst vor den beiden Toren. In der Urwald-Welt kann es lebenswichtig sein, dass der Müll von der Höhle ferngehalten wird (Müll lockt Bären an!). Das allein wäre noch nicht so schlimm, denn du könntest ja selbst dafür sorgen, dass der Müll verschwindet. Aber da gibt es noch ein generelles Problem. Hier geht es nämlich ums Prinzip, und das hat einen triftigen Grund.

Im Urwald ist es für alle Angehörigen der Gruppe wichtig, dass jeder seinen Teil zum Überleben und zum Lebensstandard der Gruppe beiträgt. Schmarotzer kann man nicht mit durchschleppen. Auch kann man keine

Leute gebrauchen, die sich auf ungerechtfertigte Weise an dem Gemeinschaftsgut bereichern. Würde einer sich vor dem Winter mit den knappen Vorräten eine Wampe anfressen, würde vermutlich ein anderer deswegen im Winter verhungern. Deshalb ist das Gerechtigkeitsprinzip in der Urwald-Welt unglaublich bedeutend.

Geh jetzt bitte einmal in diese Urwald-Welt hinein. Dein Partner will also nie den Müll rausbringen. Das ist ganz klar ungerecht! Wie würdest du dich bei dieser Ungerechtigkeit fühlen? Und wie würdest du versuchen, deinen Partner dazu zu bringen, dass er seine „sozialen Pflichten" erfüllt? Welche Möglichkeiten fallen dir als Urwaldmensch dazu ein? Wirst du ihn höflich bitten, es zu tun, und dir nichts daraus machen, wenn er es nicht tut? Sicherlich nicht! Du wirst ihm die Hölle heiß machen! Du wirst ihn heftig ablehnen und mit ihm streiten. Und er wird im Gegenzug dich ablehnen und sich abgrenzen wollen.

Wie groß wäre damit dein Einfluss darauf, dass dein Partner fortan tatsächlich tut, was du willst? Und wie würde das deine Beziehung zu ihm verbessern?

Komm also jetzt wieder aus dieser Welt heraus vor die beiden Tore. Kannst du dir schon vorstellen, welche Auswirkungen es auf das Miteinander in deiner Beziehung haben würde, wenn du in der Zivilisations-Welt lebst?

Stell dir also die gleiche Situation in der Zivilisations-Welt vor. Hier ist es längst nicht mehr überlebenswichtig, dass dein Partner alle unangenehmen Aufgaben gerecht mit dir teilt. Es wäre nur schön, wenn er das tun würde, aber nicht überlebenswichtig.

Geh also in diese Welt hinein und mach dir bewusst, wie sehr du deinen Partner liebst. Mach dir auch bewusst, dass es nicht notwendig ist, dass er alle Aufgaben gerecht mit dir teilt, sondern nur schön wäre.

Wie würdest du jetzt deinen Partner dazu bringen wollen, dass er den Müll rausbringt? Könntest du ihm jetzt nachvollziehbar und ohne Druck bewusst machen, warum du willst, dass er den Müll rausbringt? Wären deine Chancen auf Erfolg damit nicht deutlich größer? Wie würdest du bei solch einem Gespräch auf deinen Partner wirken? Du spürst die Liebe zu ihm und sprichst ihn auf einen Wunsch an, den du hegst. Wie reagiert er damit auf dich?

Es ist natürlich nicht sicher, dass er dann den Müll rausbringt. Wie gesagt gibt es keine ultimative Lösung für alle Probleme der Welt. Aber deine Chance, dass du bekommst, was du willst, wäre doch ungleich viel größer als durch die Urwald-Maßnahmen, oder?

Was meinst du, wie sich deine Zivilisations-Maßnahmen insgesamt auf deine Beziehung auswirken könnten? Wie gut wäre deine Beziehung, wenn du ein Jahr in die Zukunft schaust? Wie hingegen wäre deine Beziehung in einem Jahr, wenn du ihr ständig mit Urwald-Maßnahmen begegnest? Wäre die Beziehung dann überhaupt noch vorhanden?

Und wie sieht deine vormalige Urwald-Beziehung nach einem Jahr aus, wenn du eine Zivilisations-Beziehung daraus machen willst?

Die beste Möglichkeit, sich mit seinen Fähigkeiten und Ideen einzubringen, besteht darin, sie gut anzubieten.

Hast du also Lust auf eine neue Übung? Du kannst damit wieder einmal sehr viel mehr Glücksmomente in dein Leben ziehen – sowohl in deiner Beziehung als auch in deinem Freundeskreis oder auf der Arbeit.

Kurzbeschreibung

1. Denk an eine Situation, in der du dich gerne mit deinen Wünschen, Ideen oder Fähigkeiten einbringen willst.
2. Wechsel fünf Mal nacheinander schnell die Welten, während du an diese Situation denkst.
3. Mach dir bewusst, dass du im Hier und Jetzt in der Zivilisation lebst, in der du deine Wünsche, Ideen und Fähigkeiten einfach anbieten kannst.

Glückliche Entscheidungen

Wie du weißt, nützt es nichts, mit verschlossenen Augen und Ohren im Paradies zu sitzen. Wir erleben unser Glück nur, wenn wir die Glücksmomente im Leben auch wirklich wahrnehmen.

Wie viele Glücksmomente uns in unserem täglichen Alltag tatsächlich begegnen, hängt davon ab, was wir den lieben langen Tag so tun. Sitzen wir allein im Heizungskeller, erleben wir sicherlich nicht so viele Glücksmomente wie auf einer tollen Party.

Wir können natürlich nicht unentwegt nur Partys feiern. Es gibt viele Dinge in unserem Alltag, die einfach erledigt werden wollen. So müssen die meisten von uns zum Beispiel arbeiten gehen, um ihren Lebensunterhalt zu verdienen. Was wir dann den lieben langen Arbeitstag alles so tun müssen, hängt natürlich davon ab, was für eine Arbeit wir haben. Unseren Job haben wir natürlich nur bekommen, weil wir uns entschieden hatten, uns in dieser Firma zu bewerben. Unsere Bewerbung wiederum wurde nur deshalb angenommen, weil wir für den Job dank unserer Ausbildung qualifiziert waren. Wir haben uns seinerzeit aus den verschiedensten Gründen für diese Ausbildung entschieden.

Ich vermute, du hast bereits erkannt, auf was ich hinaus will. Die Lebensumstände, in denen wir leben, sind das Produkt unserer Entscheidungen. Viele dieser Entscheidungen haben wir auf der Basis unserer Urwaldgefühle getroffen. Diese Entscheidungen bringen uns oft nicht wirklich das Maximum an Glücksmomenten, das wir in unserem Lebensalltag erleben könnten. Es waren jedoch Entscheidungen, die im Urwald notwendig gewesen wären.

Doch sind diese Entscheidungen auch noch in der Zivilisation notwendig? Oder könnten wir hier Entscheidungen treffen, die uns mehr Glücksmomente bescheren würden?

Nehmen wir einmal ein ganz alltägliches Beispiel: Stell dir vor, du bist eine Frau. Freunde laden dich und deinen Partner ein, sie für ein Wochenende zu besuchen. Dummerweise ist es genau das Wochenende, an dem ihr geplant hattet, die Wohnung mal wieder ganz gründlich zu putzen. Deine Schwiegermutter kommt nämlich am Montag zu euch zum Kaffee! Und du kennst ja deine Schwiegermutter. Nichts ist ihr gut genug für ihren Filius. Und du schon gar nicht! Sie will dir ja schon die ganze Zeit klar machen, dass du nichts taugst. (Stell dir vor, du hättest solch einen Drachen als Schwiegermutter, dann macht die nachfolgende Entscheidung einfach mehr Spaß.)

Was also tust du? Geh wieder einmal durch das Tor zur Zivilisation und lass deine Gefühle ihr Maximum erreichen. Welche Entscheidung bringt dir die meisten

Glücksmomente? Besuchst du deine Freunde oder putzt du die Wohnung?
Geh jetzt bitte noch einmal aus der Zivilisations-Welt heraus und lass deine Gefühle neutral werden. Und jetzt betritt die Urwald-Welt. Lass die entsprechenden Gefühle entstehen und überlege dir noch einmal, wie du dich entscheidest.

Gehst du zu deinen Freunden oder putzt du die Wohnung für deine Schwiegermutter? Es wird Stress geben, wenn du die Wohnung nicht putzt, so viel ist sicher. Deine Schwiegermutter wird dir wieder einmal klar machen wollen, dass ihr Sohn etwas Besseres verdient hat. Bist du sicher, dass diese Frau keinen zu großen Einfluss auf deinen Mann hat? Könnte sie einen Keil zwischen euch treiben? Ist die Gefahr auszuschließen?

Gehen wir einmal davon aus, dass du dich trotzdem und vielleicht gerade erst recht dafür entscheidest, deine Freunde besuchen zu gehen. Tust du das dann mit guten Gefühlen? Oder fährt deine Schwiegermutter emotional mit zu deinen Freunden und schwebt die ganze Zeit wie ein Damokles-Schwert über dir?

Komm erneut vor die beiden Tore und lass deine Gefühle im Emotionsfilter hängen. Wenn sie dann wieder neutral sind, wechsel mit dem Gedanken an diese Situation fünf Mal schnell die Welten. Lass deine Gefühle dann ihr Maximum erreichen und überlege, was du in der Situation tun wirst.

Putzt du also die Wohnung? Fährst du zu deinen Freunden? Wenn du deine Freunde besuchst, hast du dann wenigstens ein schlechtes Gewissen wegen deiner Schwiegermutter? Oder hast du wenigstens ein bisschen Angst, dass dein Mann sich von dir trennt, weil seine Mutter ihn davon überzeugen könnte, dass du nicht gut genug bist? Sie hat ja den Beweis: Die Wohnung ist nicht sauber genug! ☺

Wie würdest du dich also in dieser Welt entscheiden? Welche Entscheidung würde dir mehr Glücksmomente bringen? Die Entscheidung im Urwald oder die in der Welt der modernen Zivilisation?

Nehmen wir noch ein weiteres Beispiel: Stell dir vor, du bist Single. Du bist in einer Diskothek und siehst jemanden, der dich total interessiert. Du hast auch schon mehrmals versucht, Blickkontakt aufzunehmen, aber deine Versuche blieben jedes Mal ergebnislos.

Du stehst jetzt vor der Wahl, zu diesem Menschen hinzugehen und ihn anzusprechen oder weiterhin zu warten, dass er auf dich aufmerksam wird.

Geh jetzt in Gedanken durch das Tor zur Zivilisation und lass deine Gefühle ihr Maximum erreichen. Wie würdest du dich entscheiden?

Gehst du hin, obwohl die Gefahr besteht, dass er dein Interesse nicht erwidern könnte? Oder lässt du es lieber, weil du auf keinen Fall einen Korb kriegen möchtest? Welche Entscheidung würde mehr Glücksmomente bringen?

Dann komm wieder heraus aus dieser Welt und geh zum Vergleich in die Welt des Urwalds. Lass deine Gefühle auch hier ihr Maximum erreichen und überlege, wie du dich entscheiden würdest. Traust du dich jetzt auch noch, zu diesem Menschen einfach hinzugehen und dir eventuell eine Ablehnung einzufangen? Und wie würdest du mit den Gefühlen, die du jetzt im Bauch hast, auf ihn wirken? Wie wären damit deine Chancen, ihn für dich zu gewinnen?

Dann komm jetzt wieder aus dieser Welt heraus und lass deine Gefühle im Emotionsfilter hängen.

Nehmen wir noch eine weitere alltägliche Entscheidung: Du könntest heute Abend selbst kochen oder mit Freunden essen gehen. (Gehen wir einmal davon aus, dass du kochen kannst oder es in deinem Haushalt jemanden gibt, der es kann).

Geh als erstes wieder in die Zivilisation und lass deine Gefühle ihr Maximum erreichen. Stell dir vor, du hättest Geld genug, sodass du die Kosten für das Essen in deinem Geldbeutel nicht großartig spüren würdest.
Wie würdest du dich dann entscheiden? Was bringt dir mehr Glücksmomente heute Abend? Vielleicht hattest du ja vor, einen romantischen Abend mit deinem Schatzi allein zu erleben. Was ist also besser? Essen gehen oder traute Zweisamkeit? Wozu hättest du heute mehr Lust? Was würde dir damit heute mehr Glücksmomente bereiten?

Natürlich kann die gleiche Entscheidung morgen schon wieder genau andersherum ausfallen. Das Schöne an solchen alltäglichen Entscheidungen ist ja, dass man sie auch ganz schnell wieder umwerfen kann, wenn man in der Welt der modernen Zivilisation lebt. Nichts hat so gravierende Konsequenzen, dass man für alle Zeit festgelegt ist.

Gehen wir noch einen zweiten Fall durch. Stell dir vor, dein Geld ist sehr knapp bemessen. Du musst also überlegen, ob du das Geld übrig hast, um mit deinen Freunden heute Abend essen zu gehen. Brauchst du das Geld vielleicht eher für etwas anderes? Etwas, das letztendlich mehr Glücksmomente in dein Leben zieht als das gemeinsame Abendessen? Dann dürfte es dir nicht schwer fallen, mit guten Gefühlen auf das gemeinsame Essen zu verzichten.

Wie sieht diese Entscheidung in der Urwald-Welt aus? Geh einmal aus der Zivilisations-Welt heraus und lass deine Gefühle neutral werden. Und jetzt betritt deinen Urwald. Lass die Gefühle auf dich wirken und stell dir die gleiche Situation vor: Du hast nicht viel Geld und überlegst, ob du mit Freunden essen gehen möchtest. Und auch dieses Mal bräuchtest du das Geld eigentlich für etwas anderes. Wie sieht es jetzt mit deiner Entscheidung und mit deinen Gefühlen aus? Fühlt es sich immer noch okay an, wenn du nicht genug Geld zum Ausgehen hast?

Komm wieder aus dem Urwald heraus und geh in die Zivilisation, sobald deine Gefühle wieder neutral geworden sind. Hier ist alles sehr viel einfacher. Vor allem kann man hier alle Entscheidungen sehr leicht so treffen, dass sie möglichst viele Glücksmomente ins Leben ziehen.

Ich möchte dir zu diesem Thema eine weitere Übung vorschlagen: Geh alle möglichen wichtigen und unwichtigen Entscheidungen in deinem Leben durch und wechsel mit dem Gedanken an diese Entscheidung fünf Mal schnell die Welten. Lass dabei unberücksichtigt, in welcher Welt du dich gerade befindest. Nach dem Wechsel wirst du dich auf jeden Fall in der Zivilisations-Welt befinden. Überlege dann, welche Entscheidung dir die meisten Glücksmomente bringen würde.

Wenn du Lust hast, geh zum Vergleich auch einmal in die Urwald-Welt und schau dir an, wie du dich hier entschieden hättest.

Ich wünsche dir unendlich viele Glücksmomente durch deine zukünftigen Entscheidungen.

Kurzbeschreibung

1. Denk an eine wichtige oder unwichtige Entscheidung, vor der du gerade stehst.
2. Wechsel mit diesem Gedanken fünf Mal nacheinander schnell die Welten.
3. Welche Alternative zieht die meisten Glücksmomente nach sich?

Wachsam für Glücksmomente

Du kannst durch deine Entscheidungen natürlich versuchen, so viele Glücksmomente wie möglich in dein Leben zu ziehen. Dabei solltest du jedoch nicht die Glücksmomente übersehen, die dir die Gegenwart bereits bietet.

Kennst du das Spiel mit den grünen Enten (Citroën 2CV)? Vor dreißig Jahren gab es im Saarland einen blödsinnigen Wettkampf: Wer zuerst eine grüne Ente gesehen hatte, durfte einen Anderen ungestraft kneifen. Bis zu meinem vierzigsten Lebensjahr glaubte ich noch, dass dieses Spiel in ganz Europa gespielt würde.☺

Natürlich war ich durch diesen Wettkampf ungeheuer wachsam für grüne Enten. Was, glaubst du, passiert, wenn heute irgendwo eine grüne Ente an mir vorbeifährt? Sehe ich sie oder fällt sie mir nicht auf?

Ich würde die Ente sogar sehen, wenn sie unterirdisch führe! Ich sehe sie immer und überall und in jeder Situation. Ich bin wahrscheinlich bis zu meinem Lebensende auf grüne Enten fixiert!

Genau die gleiche Fixierung hätte ich auch gerne für alle Glücksmomente im Leben. Ich will, dass sie mir automatisch auffallen. Sie sollen mich regelrecht anspringen.

Was, meinst du, würde passieren, wenn das Spiel mit dem Kneifen statt mit grünen Enten mit Glücksmomenten gespielt würde? Wer als Erster einen Glücksmoment sieht, darf einen anderen ungestraft kneifen!

Wir alle wären aufgrund der Fülle von Glücksmomenten, die uns jeden Tag begegnen, von oben bis unten übersät mit blauen Flecken! ☺

Im Ella-Camp machen wir deshalb ein anderes Spiel, bei dem viele Teilnehmer mitmachen.

Nach ein paar Tagen im Camp haben sich immer kleinere Gruppen gebildet. In manchen dieser Gruppen gibt es eine Art Wettkampf, um für die vielen Glücksmomente im Leben wachsam zu werden. Jeder zählt hier die Glücksmomente, die er den gesamten Tag über bewusst erlebt hat. Wer am Abend die wenigsten Glücksmomente gesammelt hat, muss den anderen aus seiner Gruppe einen Cocktail ausgeben. Einige Gruppen suchen sich bestimmte Tage aus, an denen sie den Wettkampf veranstalten, andere sitzen täglich in der Cocktailbar.

Dieser Wettkampf beruht natürlich auf der Ehrlichkeit aller Teilnehmer. Auch gibt es keinen Zwang, daran teilzunehmen. Die meisten tun es jedoch, da der Nutzen dieses kleinen Spiels gegenüber den Kosten für die Cocktails immens groß ist.

Stell dir vor, du würdest bei diesem Wettkampf mitmachen. Wie sensibilisiert wärst du nach zwei Wochen für die vielen Glücksmomente, die dir in deinem Alltag ständig begegnen? Ich bin sicher, du würdest dann auch alle „unterirdischen“ Glücksmomente bemerken. Keiner ginge mehr unerkannt an dir vorüber!

Es gibt keine einfachere Möglichkeit, wie du dich für Glücksmomente sensibilisieren könntest. Das ist das wahre Geheimnis, warum das Ella-Camp so effektiv ist und warum dort ständig gefeiert wird! ☺

Solltest du Freunde haben, die sich ebenfalls für dieses Buch interessieren, dann frag sie doch einfach einmal, ob sie Lust auf diesen Wettkampf haben. Das Geld für die Cocktails lohnt sich tausendfach!

Was wäre anders gewesen?

Hast du schon einmal deine Meinung geändert? Stell dir einmal vor, wie dein Leben heute wäre, wenn du niemals deine Meinung geändert hättest! Denk einmal daran zurück, was du als Kind so über dich und andere Menschen und die Welt als solche gedacht hast!

Als Kleinkind denkst du zum Beispiel, dass deine Eltern immer alles richtig machen. Ebenfalls denkst du, dass du letztendlich machen musst, was sie sagen.

Wie würde dein Leben heute aussehen, wenn du diese Meinungen nie geändert hättest? Schreckliche Vorstellung, was?

Glücklicherweise können wir unsere Meinung in Bruchteilen von Sekunden ändern, wenn wir neue Einsichten gewinnen. Das tun wir schon unser gesamtes Leben lang. Unser Leben ist ein ständiger Beurteilungsprozess, in dem wir uns unsere Meinung über uns selbst, andere Menschen und die Welt neu bilden.

Neben diesem bewussten Beurteilungsprozess gibt es jedoch noch einen unbewussten, den wir im Allgemeinen nicht so leicht verändern können – zumindest so lange nicht, wie wir nicht wissen, wie er funktioniert. (Das wird sich gleich ändern! ☺)

Als Kind übernehmen wir viele Meinungen unserer Eltern automatisch, ohne darüber nachzudenken. Wenn unsere Eltern jemanden nicht leiden können, können wir ihn auch nicht leiden. Wenn sie uns vorleben, dass man Meinungsverschiedenheiten mit Schreierei und Ablehnung regelt, dann werden wir das ebenfalls tun. Und wenn unsere Eltern ihr Handeln und ihre Gefühle auf der Urwald-Welt aufbauen, ist dies auch unsere Welt.

Dieser Lernprozess vollzieht sich durch Identifikation. Wir schlüpfen als Kind in die Rolle unserer Eltern und ahmen sie nach. Das ist der gleiche Prozess, mit dem wir auch durch unsere Emotionsfilter gehen. Wir tun so als ob. Als Kind tun wir in verschiedenen Situationen so, als ob wir die Mama oder der Papa wären. Dies ist für ein Kind der genetisch vorgegebene und schnellste Weg, sich in seiner Welt zurechtzufinden.

Da dieser Identifikationsprozess mit unserer bewussten Beurteilung nicht viel zu tun hat, lässt er sich auch durch bewusstes Nachdenken kaum verändern.

Viele Menschen wollen unbedingt vermeiden, dass sie so werden wie ihre Eltern. Und dennoch stellen sie später häufig fest, dass sie genau so geworden sind. Der Kampf gegen diese Eigenschaften scheint dann fast aussichtslos.

In diesem Kapitel werden wir genau an dieser Stelle ansetzen. Wir werden erneut in den Identifikationsprozess gehen und auf diese natürliche Weise alle Meinungen, die wir kritiklos von unseren Eltern übernommen haben, durch unsere eigenen Meinungen ersetzen.

Um diese Identifikationen zu verändern, brauchen wir nur die Vorstellungen unserer Eltern zu verändern, die wir in unserem Gedächtnis abgespeichert haben. Wir können dabei natürlich nicht unsere wirklichen Eltern ändern. Doch das ist auch nicht nötig, da wir uns nicht mit unseren wirklichen Eltern identifizieren, sondern nur mit der geistigen Vorstellung unserer Eltern. Wir ändern also unsere eigenen Vorstellungen und damit in Wirklichkeit uns selbst.

Wie unsere wirklichen Eltern sind, interessiert uns also im Grunde genommen bei diesem Prozess überhaupt nicht. Das sollte uns immer im Bewusstsein bleiben. Wir wollen nicht unsere Eltern ändern, wir wollen uns selbst ändern!

Unsere Eltern können heute nicht mehr bestimmen, wie wir ticken – die Vorstellung von unseren Eltern in unseren Köpfen, mit der wir uns identifizieren, jedoch schon! Das ist ein entscheidender Unterschied!

Diese Identifikationen sind ein Teil unserer Persönlichkeit und können sehr leicht geändert werden. Du kannst mit der nachfolgend beschriebenen Vorgehensweise tatsächlich der Mensch werden, der du immer sein wolltest.

Klingt vielversprechend? Lass dich überraschen! Du würdest mir jetzt ohnehin nicht glauben, welches Glückspotenzial in dieser Übung liegt. ☺

Während wir die Identifikationen mit unseren Eltern verändern, werden wir uns auch gleichzeitig unserer Vergangenheit widmen. In unserer Vergangenheit haben wir sicherlich viele Beurteilungen auf der Urwald-Sichtweise der Welt aufgebaut.

Neben den Identifikationen mit unseren Eltern haben uns diese Beurteilungen zu den Menschen gemacht, die wir heute sind. Verändern wir diese Beurteilungen, verändern wir unser Leben!

Wir können unsere Vergangenheit nicht mehr ändern, genauso wenig wie unsere Eltern. Was gelaufen ist, ist gelaufen. Doch die Vergangenheit selbst ist es nicht, die unser Leben bestimmt. Es sind unsere Erinnerungen und die Meinungen, die wir – bedingt durch unsere Erinnerungen über uns selbst, andere Menschen und das Leben – angenommen haben. Und unsere Meinungen können wir ändern.

Einige dieser Erinnerungen können sehr stark verzerrt und völlig irrational sein. Dementsprechend führen sie dann auch zu völlig unsinnigen Meinungen über die Welt und die Menschen.

Meine Mutter verbot mir früher zum Beispiel, mit einer neuen Hose Rollschuh zu laufen. Ich tat es jedoch trotzdem, weil ich keine Lust hatte, mich umzuziehen. Und natürlich hatte sie Recht. Ich fiel hin und hatte ein Loch in der Hose. Mein Knie blutete auch ein wenig.

Als ich nach Hause kam, hatte ich jedoch Angst, dass meine Mutter mich ausschimpfen würde. Da fiel mir ein guter Trick ein. Ich tat so, als wäre mir etwas ganz, ganz

Schlimmes passiert. Ich verhielt mich, als wäre mein Bein ab! Ich dachte, dass meine Mutter mich nicht so schlimm ausschimpfen würde, wenn es mir so schlecht ging.

Was mir in Erinnerung blieb, war jedoch nicht das reale Ereignis, sondern meine Schauspielerei! Ich erinnerte mich daran, dass ich mich sehr, sehr schwer verletzt hatte, und beurteilte das Rollschuhlaufen fortan als lebensgefährlich.

Das passiert öfter, wenn man so tut als ob. Anstelle der wahren Begebenheit wird im Gedächtnis das Rollenspiel abgespeichert.

Mein Freund Thomas, den ich in diesem Buch bereits erwähnt habe, erlebte bei nachfolgender Übung ebenfalls eine Situation, die unmöglich so stattgefunden haben konnte, wie sie in seiner Erinnerung abgespeichert war. Trotzdem beeinflusste diese Erinnerung seine Beurteilung der Welt und der Menschen ganz erheblich zum Negativen.

Er sah sich als kleines Kind, wie andere Kinder mit ihm Onkel Doktor spielen wollten. Er ließ es zu, weil er von ihnen nicht abgelehnt werden wollte.

Die anderen Kinder träufelten ihm „Nasentropfen“ in die Nase, weil Thomas offensichtlich in diesem Spiel Schnupfen hatte. Sie nahmen jedoch keine wirklichen Nasentropfen, sondern irgendetwas anderes.

In Thomas' Erinnerungen nahmen sie etwas so Schlimmes, dass es ihm die Nase total verätzte. Das Blut spritzte aus der Nase. Total blutüberströmt rang er mit dem Leben. Die anderen Kinder lachten sich dabei kaputt. Als er dann blutüberströmt zu seiner Mutter rannte, schimpfte diese ihn heftig aus, half ihm aber nicht.

Wie wahrscheinlich ist es, dass solch eine Erinnerung wirklich den Tatsachen entspricht? Wie verhalten sich kleine Kinder, wenn sie etwas tun, was andere Kinder schwer verletzt? Lachen sie über diese lebensgefährliche Verletzung? Sicherlich nicht! Und wie verhält sich eine Mutter, wenn ihr Kind blutüberströmt vor ihr steht? Schimpft sie dann mit dem Kind und hilft ihm nicht?

Dummerweise beeinflussen solche Erinnerungen die Meinung, die man sich über andere Menschen bildet, genauso wie reale Erinnerungen. Kinder bauen möglicherweise den Rest ihres Lebens auf diesen verzerrten Phantasieerinnerungen auf. Für Thomas waren alle anderen Menschen durch diese Erinnerung potenzielle Gewalttäter. Man musste sich vor ihnen schützen.

Genauso wie diese verzerrten Erinnerungen die Meinung über andere Menschen beeinflussen, so prägen auch die realen Erlebnisse mit unseren Eltern und anderen wichtigen Personen aus unserer Vergangenheit die Meinung, die wir uns über die Menschen und das Leben gebildet haben.

Als Kind konnten wir vielfach das Leben noch nicht so vernünftig beurteilen wie heute. Wir haben vieles, was unsere Eltern taten, nicht richtig verstanden. Dennoch bildeten wir uns durch diese Erlebnisse eine Meinung – eine Meinung, die nicht immer sinnvoll sein muss! Auch haben wir damals von unseren Eltern auf alle Menschen geschlossen. Die Eltern waren unsere Welt und standen stellvertretend für alle Menschen!

Ich denke, es ist nun an der Zeit, dass wir all diese bewussten und unbewussten Beurteilungen über das Leben korrigieren und an den aktuellen Stand unseres Wissens anpassen.

Stell dir dazu einmal deine Eltern vor, bevor du geboren wurdest. Natürlich waren deine Eltern damals nicht wirklich in der Lage, permanent Zivilisationsgefühle zu leben. Sie wussten von all dem noch nichts. Sie machten ihren Job als deine Eltern so gut es ihnen möglich war.

Selbstverständlich hatten auch sie das eine oder andere Problem, das sich auf ihre Kindererziehung auswirkte. Sie waren sicherlich nicht in der Lage, bei deiner Erziehung alles richtig zu machen. Das kann niemand – auch keine Eltern, denen bewusst ist, dass sie in der Zivilisation leben. Auch ihnen würden Fehler unterlaufen. Sie könnten diese jedoch sehr wahrscheinlich besser wieder gutmachen. Sie wüssten, wie das Leben wirklich läuft und wie deine Gefühle funktionieren.

Wären deine Eltern bereits von ihren Eltern mit dem Wissen erzogen worden, in Wirklichkeit in der Zivilisations-Welt zu leben, wäre in deiner Erziehung vieles anders gelaufen. Deine Eltern hätten deine Kindergefühle in jeder Lebenslage nachvollziehen und verstehen können. Sie hätten gewusst, dass sich aufgrund der menschlichen Instinkte auch bei dir die Illusion entwickeln würde, im Urwald zu leben. Sie hätten dir daher beigebracht, deine Urwald-Gefühle sofort zu erkennen und den Wechsel von der Urwald-Welt in die Zivilisations-Welt zu vollziehen. Damit wären sie sehr leicht in der Lage gewesen, dir deine Urwald-Ängste zu nehmen. Auch wären sie in der Lage gewesen, dir beizubringen, wie du gute, freundschaftliche Beziehungen zu anderen Kindern und später zu Erwachsenen aufbauen könntest. Sie hätten dir eine glückliche Beziehung und gute Freundschaften vorgelebt. Sie hätten dir vorgelebt, dass auch sie ihre Welten sofort wechseln, wenn Urwald-Gefühle aufkommen. Sie hätten dir ebenfalls vorgelebt, dass deine Glücksmomente dein höchstes Hab und Gut sind. Sie wären in der Lage gewesen, dir zu zeigen, wie du mit deiner Zivilisations-Sichtweise der Welt möglichst viele Glücksmomente in dein Leben ziehen kannst. Kurz: Deine Eltern hätten dir alles vorgelebt, was für ein sehr glückliches Leben wichtig gewesen wäre.

Stell dir einmal vor, deine Eltern wären von ihren Eltern genau so erzogen worden. Sie wären heute völlig andere Menschen. Und das nur, weil sie wüssten, in welcher Welt sie tatsächlich leben!

Mit diesen Eltern würdest du dich heute sicherlich gerne identifizieren. Sie wären genau so, wie du sein möchtest. Und genau so werden wir deine Identifikationsmuster jetzt gestalten.

Ich möchte dabei noch einmal daran erinnern, dass es bei dieser Übung nicht um deine wirklichen Eltern geht. Du identifizierst dich nicht mit deinen wirklichen Eltern. Du identifizierst dich mit den Vorstellungen von deinen Eltern, die du als Kind verinnerlicht hast. Genau diese Vorstellungen wollen wir verändern.

Du wirst zunächst in die Vorstellung deiner Eltern einsteigen, wie du sie momentan noch verinnerlicht hast. Danach wirst du dir vorstellen, wie deine Eltern gewesen wären, wenn alle Kinder in deiner Familie seit Generationen bereits mit dem Wissen erzogen worden wären, dass sie in Wirklichkeit in der Zivilisations-Welt leben. Das ist der einfachste Weg, unerwünschte Identifikationen in Ordnung zu bringen.

Stell dir deine Mutter einmal in dem Alter vor, als du noch im Mutterleib warst. Du wirst dich gleich in sie hineinversetzen. Ich werde dich danach bitten, in der Rolle deiner Mutter durch das Tor zur Zivilisations-Welt hindurchzugehen. Spüre dann in dich hinein und überlege, wie du als deine Mutter gewesen wärst, wenn alle Familienmitglieder seit Generationen mit dem Wissen erzogen worden wären, in der Zivilisations-Welt zu leben.

Mit dieser Vorgehensweise veränderst du die Vorstellung deiner Mutter in der eben angesprochenen Weise und damit deine Identifikationsmuster. Wichtig dabei ist, dass du dich selbst wirklich als deine Mutter erlebst. Es genügt für diese Übung nicht, deiner Mutter in dieser Vorstellung nur von außen zuzuschauen. Versetz dich also wirklich in ihre Rolle hinein. Geh durch das Tor und lass deine Gefühle dann ihr Maximum erreichen und überlege, wie du dich als werdende Mutter mit deinem Kind damals in der Zivilisations-Welt gefühlt hättest. Was für eine Mutter wärst du gewesen, wenn seit Generationen alle in deiner Familie mit dem Wissen erzogen worden wären, dass wir in Wirklichkeit in der Zivilisations-Welt leben?

Spüre die Liebe, die du für dein Kind gehabt hättest. Andere Gefühle sind für eine Zivilisations-Mutter in dieser Situation unrealistisch. Es gibt keine wirklichen Probleme in der Zivilisation, die deine Liebe zu deinem Kind verhindern könnten. Als Mutter, welche die Fähigkeit besitzt, ihre Urwald-Gefühle zu erkennen und sofort die Welten zu wechseln, würdest du emotional voll und ganz in der Zivilisations-Welt leben. Du würdest damit ständig nach Glücksmomenten Ausschau halten und hättest nur Liebe und Vorfreude für dein Kind empfinden können.

Solltest du diese Liebe beim ersten Versuch noch nicht nachempfinden können, dann wechsel in der Rolle deiner Mutter fünf Mal nacheinander schnell die Welten. Bleibe dann in dieser Welt, um weiterzulesen. Ich warte hier so lange.

Spüre die Liebe, die du zu deinem Kind empfunden hättest. Sicherlich hättest du deinem Kind die Fähigkeit beibringen wollen, Urwald-Gefühle sofort zu erkennen. Weiterhin hättest du ihm bestimmt beibringen wollen, die Welten mühelos und schnell zu wechseln.

Wie hättest du dein Kind auf alle wichtigen Lebensabschnitte wie beispielsweise den Kindergarten oder die Schule vorbereitet? Wie hättest du dein Kind durch diese Zeit begleitet? Wärst du da gewesen, wenn dein Kind dich gebraucht hätte? Denk einmal einen Augenblick darüber nach. Ich warte wieder so lange.

Ebenfalls hättest du als Zivilisations-Mensch sehr viel Liebe zu deinem Mann empfunden. Ohne diese Liebe wäre es nicht dazu gekommen, dass du mit ihm gemeinsam ein Kind bekommst. Spüre also auch die Liebe, die du für deinen Mann gehabt hättest.

Mach dir dabei noch einmal bewusst, dass es unwichtig ist, wie das Verhältnis deiner Eltern zueinander tatsächlich war. Es geht jetzt um deine Identifikationen, die wir so gestalten wollen, wie du wirklich sein willst.

Stell dir vor, deine Mutter bleibt in der Welt der modernen Zivilisation. Du stehst hingegen wieder vor den beiden Toren.

Und jetzt versetz dich einmal in deinen Vater hinein!

Auch wenn es penetrant ist – ich erinnere noch einmal daran: Es geht nicht um deinen wirklichen Vater, sondern um deine Identifikationsmuster.

Versetz dich also in deinen Vater hinein und geh in dieser Rolle durch das Tor zur Zivilisation, in der deine schwangere Frau schon auf dich wartet, und lass deine Gefühle ihr Maximum erreichen. Auch hier genügt es nicht, deinem Vater dabei nur zuzuschauen. Geh richtig hinein in seine Rolle. Überlege wie du dich an seiner Stelle gefühlt hättest, wenn seit Generationen alle in eurer Familie mit dem Wissen erzogen worden wären, in Wirklichkeit in der Zivilisations-Welt zu leben. Wenn es dir schwer fällt, richtig in die Zivilisations-Gefühle hinein zu kommen, dann wechsel auch in der Rolle deines Vaters fünf Mal nacheinander schnell die Welten. Bleib dann in der Zivilisations-Welt. Ich warte hier.

Spüre die Liebe, die du für dein noch ungeborenes Kind und deine Frau gehabt hättest. Denk noch einmal daran, dass du deinem Kind sicherlich auch als Vater beigebracht hättest, seine Urwald-Gefühle zu erkennen und sofort die Welten zu wechseln. Denke daran, dass du deinem Kind dies von Anbeginn seines Lebens hättest vorleben können. Lass dir wieder Zeit mit diesem Gedanken.

Stell dir vor, dein Vater bleibt in der Welt der modernen Zivilisation. Deine Mutter steht hingegen mit dir als ungeborenem Kind wieder vor den beiden Toren.

Ich werde dich gleich erneut bitten, in die Welt der Zivilisation zu gehen – dieses Mal jedoch als das ungeborene Baby, das du damals warst. Deine Mutter trägt dich in ihrem Bauch durch das Tor hindurch.

Wenn du dann dort bist, achte bitte darauf, wie du dich in den ersten drei Jahren deines Lebens in der Zivilisations-Welt gefühlt hättest mit diesen Eltern, die sich unheimlich auf dich gefreut und dich über alles geliebt hätten. Eltern, die dich spüren ließen, dass sie dich immer lieben würden, egal, was passiert. Eltern, die dir vorleben würden, wie sie ihre Urwald-Gefühle erkennen und sofort die Welten wechseln. Eltern, wie sie also gewesen wären, wären sie von ihren Eltern bereits mit dem Wissen erzogen worden, in Wirklichkeit in der Zivilisations-Welt zu leben.

Spüre jetzt, wie du im Bauch deiner Mutter durch das Tor zur Zivilisation getragen wirst, und überlege, was mit diesen Eltern in den ersten drei Jahren deines Lebens alles anders gewesen wäre. Ich warte so lange du willst. Komm danach wieder vor die beiden Tore.

Na? War es schön? Als ich diesen Prozess begann, fühlte ich mich unglaublich geliebt und geborgen bei meinen Eltern. Ich spürte, dass sie immer für mich da sein würden. Weiterhin war mir klar, dass es im weiteren Verlauf meines Lebens selbstverständlich sein würde, meine Urwald-Gefühle zu erkennen und sofort die Welten zu wechseln. Meine Eltern hatten mir dies intensiv vorgelebt.

Nachdem wir jetzt die Projektionen deiner Eltern verändert haben, wenden wir uns anderen wichtigen Personen aus deiner Vergangenheit zu, mit denen du dich möglicherweise ebenfalls identifiziert hast.

Hattest du Geschwister? Mit deinen Geschwistern identifizierst du dich normalerweise genauso wie mit deinen Eltern. Oder waren deine Großeltern oder andere Personen für dich als Kind wichtig? Ein Kindermädchen vielleicht? Mit welchen Menschen hast du dich in deinen ersten drei Lebensjahren möglicherweise noch identifiziert? Welche Menschen haben dich in dieser Zeit nachhaltig geprägt?

Versetz dich in jeden einzelnen hinein und geh in dessen Rolle durch das Tor zur Zivilisation. Stell dir vor, dass sie alle aus Familien kommen, in denen schon seit Generationen bekannt ist, dass sie in Wirklichkeit in der Zivilisations-Welt leben.

Wenn du in verschiedenen Rollen diese Gefühle nicht gleich nachempfinden kannst, dann mach in den jeweiligen Rollen den schnellen Wechsel der Welten. Du solltest in jeder dieser Rollen spüren, dass du die Fähigkeiten besitzt, Urwald-Gefühle zu erkennen und schnell und leicht deine Welten zu wechseln.

Lass danach jedes Familienmitglied in der Welt der modernen Zivilisation verbleiben. Wenn du dann deine Familie und alle wichtigen Leute dort vollzählig hast, machen wir weiter. Komm danach wieder vor die Tore. Ich warte also hier.

Du wirst gleich erneut als ungeborenes Kind von deiner Mutter in die Zivilisations-Welt hineingetragen. Deine gesamte Familie und alle wichtigen Leute warten schon auf dich. Ruf dir jetzt ins Bewusstsein, wie diese Menschen dich durch das Leben begleiten werden. Sie werden dir von klein auf beibringen, deine Urwald-Gefühle zu erkennen und die Welten zu wechseln. Sie werden dich mit dieser Fähigkeit auf alle wichtigen Situationen im Leben vorbereiten. Sie werden dir im Leben immer helfen, alle Situationen sinnvoll als Zivilisations-Mensch zu verarbeiten und die richtigen Entscheidungen für dein Leben zu treffen.

Stell dir dann vor, dass du geboren bist. Sicherlich kannst du dich an die ersten drei Jahre deines Lebens nicht mehr genau erinnern. Das ist auch nicht wichtig. Erlebe mehr emotional, was in diesen ersten drei Jahren alles anders gewesen wäre, wenn du mit dieser Familie aufgewachsen wärst. Empfinde nach, was dir deine Familie alles anders vorgelebt hätte.

Geh also durch das Tor hindurch und lass dich in diesen Gedanken und Gefühlen einfach treiben. Nimm dir dazu etwa drei Minuten Zeit. Ich warte gerne so lange!

Na, wie war es? Als ich diese Übung machte, konnte ich mich an meine wirkliche Zeit als Kleinkind kaum zurückerinnern. Dennoch tauchten in meiner Übung einige Gefühle auf, die sicherlich mit meiner Zivilisations-Familie anders gewesen wären. Das Wichtigste aber war, dass ich mich wahnsinnig erwünscht und geliebt gefühlt hätte. Ich spürte, dass ich ein sehr glückliches Leben vor mir hatte.

Geh bitte gleich noch einmal als der dreijährige Junge oder das Mädchen von damals durch das Tor zur Zivilisation zu deiner Familie. Erlebe die nächsten drei Jahre.

Vielleicht warst du im Kindergarten. Wenn ja, dann hätten dich deine Eltern sicherlich emotional auf den Kindergarten vorbereitet. Sie hätten dich darauf vorbereitet, dass es im Kindergarten auch Kinder und Erwachsene gibt, die in der Urwald-Illusion leben. Sie hätten bereits im Voraus dafür gesorgt, dass du bei dir selbst eventuelle Urwald-Gefühle erkennen würdest und sofort die Welten wechselst.

Wenn du das Gefühl hast, dass deine Erzieherin im Kindergarten dich in deiner Persönlichkeit geprägt hat, dann mach diese ebenfalls zu einem Zivilisations-Menschen. Es ist möglich, dass du dich auch mit ihr identifiziert und so einige Urwald-Muster von ihr übernommen hast.

Damit keine Missverständnisse auftauchen: Schlüpfe auch dann in wichtige Menschen hinein, wenn du sie nicht leiden konntest. Du willst sicher keine Identifikationen mit diesen Menschen mit dir herumschleppen!

Wenn du also deine Erzieherin nicht leiden konntest, dann schlüpfe erst recht in ihre Rolle und verändere damit dein Identifikationsmuster. Auf diese Art und Weise kannst du dich innerlich von ihr frei machen.

Bring jedoch nicht alle Menschen aus deiner Vergangenheit durch das Tor zur Zivilisation. Nimm nur die Menschen mit, mit denen du dich identifiziert haben könntest und die dich infolgedessen geprägt haben könnten. Du solltest bei dieser Übung ebenfalls lernen, mit den Menschen umzugehen, die nicht wissen, dass sie in der Zivilisation leben.

Das Ziel dieser Übung ist es nicht, eine schöne Illusionswelt aufzubauen, in der es sich nett träumen lässt. Das Ziel besteht darein, deine Identifikationen zu ändern und das Leben neu zu beurteilen.

Bring also zunächst alle Personen, mit denen du dich im Alter von drei bis sechs Jahren identifiziert hast, in die Zivilisations-Welt. Stell dir vor, auch sie wären in ihren Familien seit Generationen mit dem Wissen erzogen worden, in Wirklichkeit in der Zivilisations-Welt zu leben. Wenn nötig, wechsel in der Rolle dieser Personen fünf Mal nacheinander schnell die Welten. Du solltest danach nachempfinden können, dass du in ihrer Rolle über die Fähigkeit verfügst, deine Welten schnell wechseln zu können.

Geh dann als das kleine Kind von damals erneut durch das Tor zur Zivilisation und frage dich, was dadurch in der Zeit zwischen drei und sechs Jahren alles anders gewesen wäre. Ich warte hier wieder so lange.

Als ich diese Zeit durchging, fiel mir ein, dass ich mich im wirklichen Leben damals nicht traute, in den Kindergarten zu gehen. Ich machte extra in die Hose, weil ich gehört hatte, dass man dann nicht in den Kindergarten durfte. Ich hatte Angst, dass die anderen

Kinder mich nicht mögen könnten oder mich hauen würden.

In meiner Übung erlebte ich, wie ich mich völlig anders verhalten hätte. Ich hätte keine Angst vor den anderen Kindern gehabt. Meine Eltern hätten mir erklärt, dass es immer Kinder gibt, denen ich sympathisch bin und umgekehrt. Ich hätte mich getraut, offen auf andere Kinder zuzugehen – selbst dann, wenn sie mir mit ihrem Bagger eine verbraten hätten. Was soll's? Das hätte mich sicherlich nicht ernsthaft verletzt. Ich hätte sofort die Welten gewechselt und fertig. Deshalb wäre ich auf jeden Fall nicht den ganzen Tag allein zu Hause geblieben, während die anderen Kinder im Kindergarten ihren Spaß gehabt hätten.

Auch die Ablehnung einiger Kinder hätte mir nicht groß etwas ausgemacht. Auch hier hätte ich meine Urwald-Gefühle sofort erkannt und die Welten gewechselt. Meine Eltern hätten mir von klein auf beigebracht, dass mich nicht jeder der sechs Milliarden Menschen auf der Welt als passend empfinden muss. Sie hätten mich jedoch auch gelehrt, dass es genug Kinder geben würde, die mit mir befreundet sein wollten. Ich hätte dadurch im Kindergarten sehr viel mehr Glücksmomente bewusst erlebt und genossen als allein zu Hause.

Noch eines solltest du bei diesem Prozess beachten: Es geht nicht darum, ein komplett neues Leben in deiner

Erinnerung aufzubauen. Es geht um die Neubeurteilung des Lebens, das du gelebt hast.

Nehmen wir zum Verständnis ein Beispiel: Sagen wir einmal, deine Eltern haben sich getrennt, als du drei Jahre alt warst. Ein Jahr später hast du einen Stiefvater bekommen.

In deiner Neubeurteilung würdest du möglicherweise erleben, dass sie sich nicht getrennt hätten, hätten sie gewusst, dass sie in der Zivilisations-Welt leben. Infolgedessen hättest du auch keinen Stiefvater bekommen und auch alle Ereignisse nicht erlebt, die mit deinem Stiefvater zusammenhingen.

Diese Erlebnisse sind jedoch passiert und führten dadurch zu bestimmten Beurteilungen über die Welt. Würdest du jetzt ein alternatives Leben durchträumen, in dem deine Eltern weiterhin zusammen waren, würden alle tatsächlichen Ereignisse in deinem Gedächtnis unberührt bleiben. Sie würden nicht neu beurteilt. Ebenfalls würden alle Identifikationsmuster mit deinem Stiefvater unberührt und damit erhalten bleiben.

Beachte also beim erneuten Durchleben deines Lebens, dass du nicht nur in Phantasiewelten abschweifst. Es ist wichtig, wie dein Leben gewesen wäre. Es ist jedoch genauso wichtig, danach wieder zu dem Leben zurück zu kommen, das du wirklich gelebt hast. Werde dir also bewusst, was alles nicht oder anders passiert wäre, aber geh danach dein wirkliches Leben weiter durch.

Nehmen wir uns zur Übung noch eine weitere wichtige Etappe deines Lebens vor – die Zeit zwischen sechs und zehn Jahren.

Überlege zunächst, mit wem du dich in dieser Zeitspanne identifiziert haben könntest? Hattest du vielleicht einen Lehrer zum Vorbild? Oder hast du dich in einen Lehrer verliebt? Dann schlüpf in die Rolle dieses Lehrers und geh an seiner Stelle durch das Tor zur Zivilisation. Stell dir vor, auch dieser Lehrer wäre von seinen Eltern mit dem Wissen erzogen worden, in Wirklichkeit in der Zivilisations-Welt zu leben. Spüre an seiner Stelle, dass du über die Fähigkeiten verfügst, deine Urwald-Gefühle zu erkennen und die Welten wechseln zu können. Wenn nötig, wechsel in der Rolle deines Lehrers fünf Mal schnell die Welten.

Wenn du deinen Lehrer durch das Tor zur Zivilisation gebracht hast, dann geh selbst als das sechsjährige Mädchen oder der Junge von damals durch das Tor hindurch. Lass deine Gefühle ihr Maximum erreichen und erlebe, was durch deine Fähigkeit, die Welten zu wechseln, alles anders gewesen wäre.

Solltest du bei dieser Übung auf Situationen stoßen, bei denen sich Urwald-Gefühle hartnäckig halten wollen, dann wechsel mit dem Gedanken an diese Situation fünf Mal nacheinander schnell die Welten. Ich warte wieder so lange, bis du fertig bist.

Na, wie war es? Wärst du bei deinen Mitschülern beliebt gewesen? Wärst du vielleicht sogar gleichzeitig bei deinen Lehrern beliebt gewesen? Wie selbstbewusst wärst du durch diese Zeit gegangen?

Wenden wir uns jetzt einer weiteren Zeitetappe zu – der Zeit zwischen zehn und achtzehn Jahren. Mit welchen Menschen hast du dich in dieser Zeitetappe identifiziert? Hattest du vielleicht wieder einen Lehrer als Vorbild? Oder hast du dich in deinen Lehrer oder deine Lehrerin verliebt? Gab es noch andere Menschen, mit denen du Identifikationsmuster haben könntest? Nimm auf jeden Fall alle Menschen mit hinzu, in die du verliebt warst. In der Liebe identifiziert man sich immer. Diese Muster sollten also aktualisiert werden.

Auch deine Ex-Partner sollten dann in der Welt der modernen Zivilisation mit der Fähigkeit ausgestattet werden, ihre Welten wechseln zu können – auch, wenn es schwer fällt! Du hast dich mit ihnen identifiziert, und dieses Muster solltest du ändern.

Das Gleiche gilt für irgendwelche Filmstars und Ähnliches, für die du geschwärmt hast.

Versetz dich in alle diese Menschen nacheinander hinein und geh an ihrer Stelle durch das Tor zur Zivilisation. Wenn nötig mach in ihrer Rolle den schnellen Wechsel der Welten.

Geh dann als der Zehnjährige von damals selbst durch das Tor zur Zivilisation und frage dich, was in dieser Zeitetappe alles anders gewesen wäre, hättest du damals schon über besagte Fähigkeiten verfügt. Ich warte hier wieder so lange.

Als letzte Etappe möchte ich dir die Zeit vom neunzehnten Lebensjahr bis jetzt empfehlen. Spüre auch hier kurz nach, ob es Menschen gibt, mit denen du dich identifiziert hast. Nimm auf jeden Fall wieder alle Ex-Partner mit hinzu!

Nachdem du dann selbst wieder durch das Tor zur Zivilisation gegangen bist, kannst du dich erneut fragen, was dadurch alles anders gewesen wäre.

Ich wünsche dir viel Spaß dabei und warte wie immer hier auf dich.

Versetz dich jetzt noch einmal in dich selbst hinein und lass dein gesamtes Leben vom Anfang bis jetzt im Schnelldurchlauf an dir vorbeiziehen. Du brauchst dazu deine Identifikationsmuster nicht mehr neu zu betrachten. Nimm dir dazu etwa drei Minuten Zeit. Durch diesen Schnelldurchlauf wird deine Übung noch einmal deutlich effektiver. Was wäre also alles anders gewesen in deinem Leben?

Wenden wir uns jetzt einmal kurz deiner Zukunft zu. Du hast in dieser Übung viele wertvolle Einsichten gewonnen. Ebenfalls verfügst du über die Fähigkeit, deine Urwald-Gefühle zu erkennen und die Welten zu wechseln. Bedingt durch diese Fähigkeit wirst du sehr gelassen durchs Leben gehen. Sollte dich dennoch irgendetwas belasten, wechselst du einfach sehr schnell fünf

Mal hintereinander mit dem entsprechenden Thema die Welten, und das Problem ist kein Problem mehr. Was also wird in Zukunft dadurch alles anders sein? Nimm dir für diese Überlegungen ein paar Minuten Zeit und genieße deine Gefühle.

Du kannst dieser Mensch sein, der du gerne sein möchtest. Was dich zu dem Menschen gemacht hat, der du bisher warst, waren deine Identifikationen und deine Beurteilung über die Welt und die Menschen. Und genau diese Identifikationen und Beurteilungen hast du verändert.

Alles, was dazu notwendig war, war das Wissen über die moderne Zivilisation. Da du über dieses Wissen jetzt verfügst, kannst du jetzt auch damit beginnen, es zu leben. Sei so selbstbewusst, wie du es wärst, wenn deine Eltern damals schon gewusst hätten, dass sie in der Zivilisations-Welt leben. Geh mit anderen Menschen so um, wie du es als Zivilisations-Mensch tun würdest.

Ich wünsche dir unendlich viele Glücksmomente dabei.

Die Neubeurteilung des Passens

Ich vermute, dass es dir nach der ersten Erfahrung mit diesem Neubeurteilungsprozess ziemlich gut geht. Doch das war nur der Anfang! Die Neubeurteilung ist sicher eine der effektivsten persönlichkeitsbildenden Maßnahmen, die es auf diesem Globus gibt. Du kannst damit zu einer charismatischen Persönlichkeit und zu einem durch und durch glücklichen Menschen werden.

Um die Inhalte dieses Buches zu einem festen Bestandteil deiner Persönlichkeit zu machen, gehen wir mit den einzelnen Glücksmomenten noch einmal durch den Neubeurteilungsprozess.

Du erinnerst dich ja sicherlich noch an die erste Klasse von Glücksmomenten, die in diesem Buch angesprochen wurden. Es ging darum, dass es sehr viele Menschen gibt, die als gute Bekannte, Freunde oder sogar Lebenspartner zu dir passen könnten. Du hast bereits erste Erfahrungen damit gesammelt, was es heißt, die Menschen in deinem Umfeld in die richtigen Kategorien einzuordnen. Doch das war nur der Anfang! Diese Klasse von Glücksmomenten bietet noch sehr viel mehr. Deshalb gehen wir mit diesem Thema durch den Neubeurteilungsprozess.

Versetz dich dazu noch einmal in deine Mutter hinein. Geh zeitlich dabei zurück bis vor deiner Geburt.

Werde dir zuvor noch einmal bewusst, dass es bei dieser Übung nicht um die Veränderung deiner Mutter geht, sondern um die Veränderung eines Identifikationsmusters. Diese Muster sind immer themenbezogen. Im letzten Kapitel ging es um die Fähigkeit, die Welten schnell wechseln zu können. Daher müssen wir uns bei unserem neuen Thema erneut in den Identifikations-Prozess begeben.

Geh jetzt in der Rolle deiner Mutter durch das Tor zur Zivilisation und lass deine Gefühle ihr Maximum erreichen. Werde dir bewusst, dass es auf der Welt unglaublich viele Menschen gibt, die in den verschiedensten Kategorien viele Gemeinsamkeiten und Ergänzungen mit dir haben. Mit einem Wort: Sie passen zu dir als gute Bekannte, Arbeitskollegen, Freunde oder Lebenspartner.

Nimm dir jetzt vor, deinem Kind, das bald auf die Welt kommen wird, dieses Wissen vorzuleben und zu vermitteln. Versetz dich also jetzt in diese Situation hinein!

Und jetzt mach mit dem Identifikationsmuster deines Vaters das Gleiche. Geh als dein Vater durch das Tor zur Zivilisation und mach dir bewusst, dass du deinem noch ungeborenen Kind ebenfalls vorleben und beibringen willst, dass es immer Menschen aus den verschiedensten Kategorien geben wird, die gut zu dem Kind passen werden.

Lass das Gleiche mit allen Personen geschehen, die für dich als Kind bis zum dritten Lebensjahr wichtig waren. Vielleicht hattest du ein Kindermädchen. Vielleicht waren deine Großeltern in diesem Zeitraum von Bedeutung. Geh bei dieser Übung davon aus, dass du mit allen Personen, die in diesem Zeitraum für dich wichtig waren, ein Identifikationsmuster haben könntest. Nimm also alle mit durch das Tor zur Zivilisation.

Wenn du das getan hast, dann lass dich als ungeborenes Kind im Bauch deiner Mutter ebenfalls in die Welt der modernen Zivilisation tragen.

Und nun frage dich, was mit dieser Familie in Bezug auf das Passen von anderen Menschen in den ersten drei Jahren deines Lebens alles anders gewesen wäre. Lass dich danach durch diese drei Jahre treiben. Ich warte hier wieder so lange.

Sicherlich wäre dir in diesen drei Jahren vorgelebt worden, dass es mächtig viele Menschen auf der Welt gibt, die in den verschiedensten Kategorien zu dir passen würden. Als ich diese Übung machte, empfand ich diese Tatsache einfach als Selbstverständlichkeit. Genauso hatte ich die Welt in meiner Übung ja auch kennen gelernt.

Diese Selbstverständlichkeit setzte sich dann auch in der nächsten Zeitetappe fort – der Zeit zwischen den drei und sechs Jahren.

Mit wem hast du dich in diesem Zeitraum vermutlich identifiziert? Wer war damals wichtig für dich?

Geh in der Rolle all dieser Menschen durch das Tor zur Zivilisation und mach dir an ihrer Stelle bewusst, dass es praktisch unendlich viele Menschen auf der Welt gibt, die in den verschiedensten Kategorien zu dir passen.

Geh dann erneut als der/die Dreijährige durch das Tor zur Zivilisation und erlebe, was durch dieses Wissen in den kommenden drei Jahren alles anders gewesen wäre. Ich warte wie immer hier.

Als ich während dieser Übung den Kindergarten neu erlebte, wurde mir bewusst, wie viele Kinder es dort vermutlich wirklich gegeben haben musste, die in den verschiedensten Kategorien gut zu mir gepasst hätten. Ich erkannte das damals jedoch nicht, weil mir nur die Kinder auffielen, die mich nicht mochten und infolgedessen auch nicht zu mir passten.

In meiner Neubeurteilung hätte ich mich mit diesen Kindern nicht beschäftigt und stattdessen meinen Spaß mit denen gehabt, die für mich in Ordnung waren. Dadurch wäre mein Leben sehr viel lebendiger gewesen, als es damals tatsächlich war.

Ich vermute, du hast in deiner Übung ähnliche Erfahrungen gemacht.

Schauen wir uns als Nächstes die Zeitetappe zwischen sechs und zehn Jahren an. Wer war zu dieser Zeit für dich wichtig? Mit wem könntest du dich identifiziert haben?

Geh in der Rolle dieser Menschen durch das Tor zur Zivilisation und denk an das Thema dieser Übung: Es gibt unendlich viele Menschen, die in den verschiedensten Kategorien zu dir passen.

Werde nun selbst wieder das sechsjährige Kind von damals und geh durch das Tor zur Zivilisation. Frage dich, was in den kommenden vier Jahren alles anders gewesen wäre, wenn du mit diesen Menschen aufgewachsen wärst. Nimm dir dazu erneut ein paar Minuten Zeit. Ich warte wieder hier.

In diesem Zeitraum hattest du sicherlich Kontakt mit sehr viel mehr Menschen als in den Jahren davor. Als ich diese Zeitspanne in meiner Neubeurteilung durchging, war das jedenfalls so. Ich erlebte, dass ich mit einer absoluten Selbstverständlichkeit eine vernünftige Kategorieeinordnung anderer Kinder und Erwachsener vorgenommen hätte. Mein Leben in dieser Zeit wäre sehr viel stressfreier gewesen.

Wie du sicher aus dem letzten Kapitel noch weißt, ist es wichtig, dein tatsächliches Leben neu zu beurteilen. Es ist also wichtig, alle Situationen in deinem Leben durchzugehen, die bezogen auf das Thema dieser Neubeurteilung anders gewesen wären.

Dabei solltest du die Ereignisse in deinem Leben durchgehen, die wirklich geschehen sind, und diese neu beurteilen. Mach dir also bewusst, was alles nicht passiert wäre. Dann überlegst du, wie es anders gelaufen wäre. Kehre danach jedoch wieder zur Realität zurück und suche das nächste Ereignis, das so nicht passiert wäre, wie du es in Erinnerung hast.

Solltest du bei dieser Übung auf ein Ereignis stoßen, das hartnäckige Urwald-Gefühle auslöst, dann wechsel mit dem Gedanken an dieses Ereignis fünf Mal schnell die Welten.

Wenden wir uns jetzt der nächsten Etappe zu – der Zeit zwischen zehn und achtzehn Jahren. Frage dich wie bei jeder Zeitetappe, mit welchen Personen du dich während dieser Zeit und zu dem Thema „Passen" identifiziert haben könntest. Wie gesagt sollten alle Partner oder Ex-Partner bei dieser Überlegung dabei sein. Auch alle Lehrer, die du als Vorbild hattest oder in die du verliebt warst, gehören dazu, ebenfalls irgendwelche Film- oder Popstars, die du bewundert hast.

Zur Erinnerung: Es genügt nicht, wenn du diese Menschen in einer vorherigen Neubeurteilung zu einem anderen Thema schon einmal in die Zivilisations-Welt gebracht hast. Die Neubeurteilung muss themenbezogen geschehen. Wenn du also in diesem Kapitel die gleichen Menschen gefunden hast wie im letzten Kapitel, dann musst du sie trotzdem alle noch einmal zum Thema „Passen" in die Zivilisations-Welt bringen.

Versetz dich also jetzt in alle Personen hinein, mit denen du dich zum Thema „Passen" in der Zeit zwischen zehn und achtzehn Jahren identifiziert haben könntest, und geh durch das Tor zur Zivilisation. Wenn nötig, wechsel in ihrer Rolle fünf Mal schnell die Welten. Geh als Letztes selbst durch das Tor und erlebe diese Zeitspanne mit der Frage: Was wäre alles anders gewesen? Nimm dir dazu fünf Minuten Zeit. Ich warte hier.

Na? Wie war es? Wurde dir während dieser Übung auch so deutlich bewusst, wie viele Menschen es gibt, mit denen man befreundet sein kann? Wurde dir auch bewusst, wie einfach das Zusammensein mit anderen Menschen sein kann, wenn man sie in die richtigen Kategorien eingeordnet hat?

Betrachte als nächstes die Zeitetappe zwischen deinem neunzehnten Lebensjahr und jetzt. Bring alle wichtigen Menschen für diese Zeitspanne und zum Thema „Passen“ durch das Tor zur Zivilisation. Geh dann selbst durch das Tor und erlebe, was alles anders gewesen wäre. Ich warte gerne!

Kommen wir jetzt zu einer kleinen Zusammenfassung deines Lebens. Du kannst damit die Effektivität der Neubeurteilung noch einmal steigern.

Geh dein gesamtes Leben noch einmal im Schnelldurchlauf bezogen auf das Thema „Passen“ durch. Lass es wie im Zeitraffer an dir vorbeiziehen. Du brauchst dazu die Menschen, mit denen du dich möglicherweise identifiziert hast, nicht noch einmal in die Zivilisations-Welt hineinzuholen. Das ist bereits getan.

Geh also noch einmal zum Anfang deines Lebens zurück und schau dir dein Leben in Bezug auf das Passen anderer Menschen noch einmal im Schnelldurchlauf an. Nimm dir dazu drei Minuten Zeit. Viel Spaß!

Das Leben kann so einfach sein! Und genauso einfach kannst du es in Zukunft auch haben. Nimm dir abschließend ein paar Minuten Zeit und frage dich, was du in Zukunft alles anders machen wirst in Bezug auf das Passen. Ich warte hier wie immer.

Die Neubeurteilung ist, wie bereits erwähnt, eine der effektivsten persönlichkeitsbildenden Maßnahmen, die es gibt. Dabei beurteilst du – vorrangig unbewusst – Tausende von Situationen neu. In deinem Gehirn bildet sich dadurch eine Unmenge neuer Nervenverbindungen. Da deine Neuronen dafür etwas Zeit und Energie brauchen, empfiehlt es sich, jeden Tag nur eine bis maximal zwei Neubeurteilungen vorzunehmen. Es wäre also sinnvoll, dieses Buch jetzt zur Seite zu legen und morgen weiterzuüben. Ich wünsche dir einen tollen Tag.

Die Neubeurteilung des Erwünschtseins

Wie du in diesem Buch erfahren hast, ist das Glückspotenzial, das in der Tatsache verborgen liegt, dass es eine Menge Menschen gibt, die dich in den verschiedensten Kategorien mögen oder lieben, noch einmal deutlich größer als bei der Frage, ob du genug Menschen findest, die du deinerseits als passend empfindest.

Kannst du dir vorstellen, wie dein Leben verlaufen wäre, hätten deine Eltern dir von klein auf vorgelebt und beigebracht, dass du für alle Menschen, die zu dir passen, automatisch interessant bist?

Andere Menschen erkennen Gemeinsamkeiten und Ergänzungen natürlich genauso gut bei dir, wie du sie bei ihnen erkennst. Damit bist du automatisch für die Menschen interessant, welche du in den entsprechenden Kategorien ebenfalls interessant findest. Manchmal wirst du zwar noch scheinbar abgelehnt, wenn dich andere Menschen ihrerseits in eine zu hohe Kategorie einordnen wollen. Aber das ist nicht tragisch. Ihre Ablehnung ist nicht wirklich ernst gemeint. Sie drücken damit nur aus, dass sie dich gerne in einer höheren Kategorie haben wollen. Das ist ja nicht wirklich eine Ablehnung! Sie tun nur so, als würden sie dich ablehnen, damit du dich so verhältst, wie sie es für diese hohe Kategorie für nötig halten. Das Problem löst sich nach kurzer Zeit von selbst. Willst du diese Zeit verkürzen, kannst du diese Menschen darauf ansprechen. Du weißt ja, wo das Problem liegt.

Das Glückspotenzial einer Neubeurteilung des Interessantseins und des Dazugehörens ist so unglaublich hoch, dass ich diesen Prozess gerne mit dir gemeinsam durchgehen möchte.

Stell dir dazu wieder deine Mutter zu einem Zeitpunkt vor, an dem du noch nicht geboren warst. Versetz dich in deine Mutter hinein und geh durch das Tor zur Zivilisation. Wenn nötig, wechsel an ihrer Stelle fünf Mal schnell die Welten. Ruf dir als Nächstes ins Bewusstsein, was du deinem Kind, das bald auf die Welt kommen wird, über das Dazugehören und Interessantsein beibringen und vorleben willst.

Du kannst deinem Kind beibringen, dass es für die Menschen, die zu ihm passen, in den entsprechenden Kategorien immer interessant sein wird. Es muss dazu überhaupt nichts tun. Es kann so sein, wie es ist, denn genau so erkennen andere Menschen am leichtesten, dass es einfach passt zwischen ihnen. Mach deinem Kind ebenfalls bewusst, wie unglaublich viele Menschen es auf der Welt gibt, die zu ihm passen und für die es damit automatisch interessant ist und dazugehört. Mach ihm auch bewusst, wie wichtig es ist, dieses Glückspotenzial auszukosten. Es sind mit die schönsten Gefühle, die ein Mensch auf diesem Globus erleben kann.

Versetz dich jetzt in deinen Vater hinein, der vor den beiden Toren bereits wartet. Deine Mutter bleibt in der Zivilisations-Welt. Geh als dein Vater durch das Tor und werde dir bewusst, was du deinem Kind fürs Leben in Bezug auf das Erwünschtsein mitgeben möchtest.

Nimm jetzt alle Menschen mit hinzu, mit denen du dich in den ersten drei Jahren deines Lebens identifiziert haben könntest – deine Geschwister und so weiter.

Lass dich als Letztes selbst im Bauch deiner Mutter durch das Tor zur Zivilisation tragen und erlebe, was in den ersten drei Jahren deines Lebens mit dieser Familie in Bezug auf das Erwünschtsein alles anders gewesen wäre. Nimm dir dazu etwa drei Minuten Zeit. Ich warte hier so lange.

Wer war in der Zeitetappe zwischen drei und sechs Jahren für dich wichtig, wenn es ums Erwünschtsein geht? Versetz dich in diese Menschen hinein und bring sie in die Zivilisations-Welt. Geh danach selbst durch das Tor und erlebe, was in diesen drei Jahren deines Lebens alles anders gewesen wäre, wärst du in Bezug auf das Erwünschtsein mit deiner Familie und diesen Menschen aufgewachsen. Nimm dir auch für diese Zeitetappe etwa drei Minuten Zeit.

Schauen wir uns als nächstes die Zeit zwischen sechs und zehn Jahren an. Schaff alle wichtigen Menschen in die Zivilisations-Welt, geh selbst hinein und erlebe, was in Bezug auf das Erwünschtsein alles anders gewesen wäre.

Und jetzt mach das Gleiche mit der Zeitetappe zwischen zehn und achtzehn Jahren! Nimm dir dazu ein paar Minuten mehr Zeit.

Als letzte Zeitetappe kannst du die Zeit zwischen dem neunzehnten Lebensjahr und heute nehmen. Durchlaufe also die gleiche Prozedur in Bezug auf das Erwünschtsein und lies weiter, wenn du im Hier und Jetzt angekommen bist.

Um die Effektivität der Neubeurteilung noch einmal zu steigern, kannst du jetzt zum Beginn deines Lebens zurückkehren und dein gesamtes Leben wie im Zeitraffer noch einmal an dir vorbeiziehen lassen. Was wäre also in Bezug auf das Interessantsein und das Dazugehören alles anders gewesen? Nimm dir für diesen Schnelldurchlauf drei Minuten Zeit.

Du hast dir bei dieser Neubeurteilung viele neue Meinungen gebildet und viele Identifikationsmuster geändert. Damit hast du dich verändert. Was für ein Mensch willst du in Zukunft in Bezug auf das Erwünschtsein sein? Wie willst du mit dem Thema umgehen? Nimm dir auch für diese Überlegungen drei Minuten Zeit. Ich wünsche dir viele Glücksmomente mit deinem neuen Leben.

Die Neubeurteilung der Freiheit

Du hast in diesem Buch erlebt, welches Glückspotenzial in deiner Freiheit verborgen sein kann. Um dieses Potenzial in deinem Alltag automatisch zu nutzen, bietet sich auch hier eine Neubeurteilung an.

Was würdest du als Mutter deinem Kind in Bezug auf dieses Thema vorleben und beibringen wollen?

Als ich diese Neubeurteilung machte, ging mir sofort durch den Kopf, dass mein Kind in eine freie Welt geboren würde – eine Welt, in der jeder frei entscheiden kann, was er tut und was nicht. Jeder kann sich hier die Konsequenzen seiner Entscheidungen überlegen und Vorteile und Nachteile gegeneinander abwägen.

Ich erlebte in dieser Übung, dass ich meine Freiheit früher vorwiegend dadurch selbst eingeschränkte, dass ich Angst hatte, dass die Menschen, die mir wichtig waren, mich nicht mehr mögen würden, wenn ich tue, was ich will. Bedingt durch das Wissen, für die wirklich zu mir passenden Menschen auf jeden Fall interessant zu sein, ergab sich ein völlig neues Freiheitsgefühl.

Ich möchte dir vorschlagen, deinem Kind diesen Sachverhalt ebenfalls vorzuleben und zu erklären. Starten wir also mit dem Neubeurteilungsprozess:

Geh in der Rolle aller wichtigen Menschen in Bezug auf deine Freiheit in den ersten drei Lebensjahren durch das Tor zur Zivilisation. Versetz dich dann in dich selbst hinein und erlebe, was mit diesen Menschen in dieser Zeit alles anders gewesen wäre. Nimm dir wieder drei Minuten Zeit.

Wer war in Bezug auf deine Freiheit im Alter von drei bis sechs Jahren wichtig? Mit wem könntest du dich zu diesem Thema identifiziert haben? Geh an ihrer Stelle durch das Tor. Folge ihnen danach in besagte Zeitetappe und erlebe, was alles anders gewesen wäre. Nimm dir erneut drei Minuten Zeit.

Mach das Gleiche mit der Zeitetappe zwischen sechs und zehn. Nimm dir auch hier drei Minuten.

Wie war es in der Zeitetappe zwischen zehn und achtzehn? Nimm dir hier ein paar Minuten mehr Zeit.

Als letzte Zeitetappe kannst du jetzt die Zeit vom neunzehnten Lebensjahr bis jetzt erleben. Dafür solltest du dir ungefähr fünf Minuten Zeit nehmen.

Mach jetzt den Schnelldurchlauf für dein gesamtes Leben. Zeit: drei Minuten.

Überlege nun, wie du in Zukunft in Bezug auf deine Freiheit sein und handeln willst. Nimm dir noch einmal drei Minuten Zeit. Ich wünsche dir danach ein unglaublich tolles Freiheitsgefühl in deinem Leben.

Die Neubeurteilung des Einbringens

Die Neubeurteilung dieses Themas wird sich überall dort auswirken, wo du mit Menschen enger zusammenkommst. Das ist sowohl an deinem Arbeitsplatz der Fall als auch in deiner Freizeit mit deinen Freunden. Am stärksten wird diese Neubeurteilung jedoch deine Partnerbeziehung verändern – eine Änderung, die unglaubliche Ausmaße annehmen kann.

Um dies nachvollziehen zu können, möchte ich einmal kurz aufzeigen, wie wir Menschen, bedingt durch unsere Urwald-Sichtweise der Welt, normalerweise mit diesem Thema umgehen.

Gehen wir einmal davon aus, dass du dich mit einem sehr wichtigen persönlichen Wunsch in deine Partnerbeziehung einbringen willst. Sagen wir, es ginge um die Offenheit in eurer Beziehung. Du willst deinen Partner dazu bringen, vollständig offen und ehrlich mit dir zu sein.

Das Erste, was wir Menschen, bedingt durch unsere Instinkte, in solch einer Situation tun, könnte man mit „Liebsein“ bezeichnen. Wir tragen unser Anliegen also ganz lieb vor.

Wenn das jedoch nicht funktioniert, werden wir „lauter lieb“! Ich vermute, du kannst dir vorstellen, wie das aussieht. Wenn wir lauter lieb sind, machen wir unserem

Partner in unserer Stimmlage schon einmal versteckte Vorwürfe.

Wenn er das dann immer noch nicht kapiert, müssen wir andere Geschütze auffahren. Wir lehnen ihn ab!

Wie reagierst du denn eigentlich darauf, wenn dein Partner dich ablehnt, weil du nicht tust, was er will? Ich weiß, wie du reagierst. Zumindest weiß ich, wie du früher darauf reagiert hast. Die Urwald-Sichtweise der Welt gibt uns einige mögliche Reaktionsweisen vor. Du wirst ihn möglicherweise einfach ebenfalls ablehnen. Das ist das Naheliegendste. Oder du ignorierst ihn und seine Ablehnung einfach. Natürlich kannst du auch ganz offiziell beleidigt oder wütend sein. Oder du packst irgendwelche Schuldzuweisungen aus.

Und wie reagiert dein Partner darauf, wenn du wütend bist, weil er nicht so funktioniert, wie du das willst? Vermutlich wird er ebenfalls wütend oder tut etwas ähnlich Sinnvolles! Wer die Teller als Erster gegen die Wand wirft, hat den Wutwettkampf gewonnen. ☺

Mit Schuldzuweisungen ist das jedoch etwas komplizierter. Hier gewinnt, wer die besseren Argumente hat. Solltest du für eine vernichtende Gegenschuldzuweisung mehr als eine Sekunde Bedenkzeit brauchen, dann vergiss es lieber. Dein Partner wird vermutlich schneller sein. In solch einer Situation empfehle ich dir einfach, beleidigt zu sein. Das ist einfach. Wer am längsten durchhält, hat gewonnen! ☺

Scherz beiseite! Du kennst die sinnlosen Streitereien in einer Beziehung sicherlich genauso gut wie ich. Am Ende leiden beide, und im schlimmsten Fall droht eine völlig überflüssige Trennung. Das muss so nicht laufen. Du kannst jetzt und hier Schluss damit machen!

Was wäre gewesen, wenn deine Eltern dir von klein auf vorgelebt und beigebracht hätten, dass man sich mit seinen Wünschen, Bedürfnissen, Ideen und Fähigkeiten am besten dadurch einbringen kann, dass man diese nachvollziehbar und überzeugend anbietet?

Überlege einmal kurz, wie du auf deinen Partner reagieren würdest, wenn er dir seine Bedürfnisse erklärt und dir dabei die Freiheit lässt, selbst darüber nachzudenken? Nehmen wir das gleiche Thema. Ihm liegt Offenheit und Ehrlichkeit in der Beziehung am Herzen. Wie reagierst du, wenn er diese Meinung tatsächlich zur Diskussion anbietet, ohne sie dir aufdrücken zu wollen?

Wann sind seine Chancen größer, dass ihr hier einen Konsens findet? Wenn er auf diese Weise mit dir redet oder wenn er sie „lauter lieb“ vorbringt?

Ich möchte dir also eine weitere Neubeurteilung anbieten. Was wäre alles anders gewesen, wenn deine Eltern und alle wichtigen Menschen in deinem Leben ihre Ideen, Fähigkeiten, Meinungen, Wünsche und Bedürfnisse auf diese Weise eingebracht und dir das ebenfalls vorgelebt und beigebracht hätten?

Durchlaufe dabei den Neubeurteilungsprozess wie in den vorherigen Kapiteln beschrieben. Nachfolgend erhältst du eine Kurzbeschreibung, die du für alle Glückspotenziale verwenden kannst, die du findest.

Kurzbeschreibung der Neubeurteilung

1. Wähle ein Thema aus, bei dem du dein Glückspotenzial erweitern möchtest.
2. Versetz dich für jede Zeitetappe nacheinander in alle für dich wichtigen Menschen hinein und bring sie durch das rechte Tor.
3. Empfinde in jeder Rolle nach, wie du gewesen wärst, wäre deine gesamte Familie seit Generationen mit dem Wissen erzogen worden, dass ihr in der Zivilisations-Welt lebt. Wenn nötig, wechsel dazu fünf Mal schnell die Welten.
4. Geh dann selbst in die Zivilisations-Welt und lass deine Gefühle ihr Maximum erreichen.
5. Lass das Leben in den einzelnen Zeitetappen an dir vorbeiziehen und überlege, was in der Zivilisations-Welt bezogen auf dein Thema alles anders gewesen wäre. Solltest du bei einzelnen Ereignissen hängen bleiben, dann wechsel fünf Mal schnell die Welten.
6. Mach einen abschließenden Schnelldurchlauf, in dem du dein gesamtes Leben bezogen auf dein Thema noch einmal an dir vorbeiziehen lässt.
7. Überlege, wie du in Zukunft sein und mit dem Thema umgehen möchtest.

Glückspotenziale

Wie du sicherlich in den letzten Kapiteln bereits feststellen konntest, liegt im Neubeurteilungsprozess ein immenses Glückspotenzial. Die Themen, die du dir bisher damit angeschaut hast, sind jedoch nur ein winziger Bruchteil von dem, was möglich ist! Wir haben bisher nur einmal grob über die verschiedenen Glücksmomente geschaut. Sein wirkliches Potenzial entfaltet der Neubeurteilungsprozess jedoch erst, wenn du ins Detail gehst.

Wenden wir uns dazu einmal der Klasse von Glücksmomenten zu, die entstehen, wenn du von anderen Menschen gemocht oder geliebt wirst. Dieses Thema bietet uns wie alle Glücksmomentklassen sehr viele Möglichkeiten, weiter ins Detail zu gehen und dein Glückspotenzial zu erweitern.

Du kannst zum Beispiel eine Extra-Neubeurteilung machen für deine Attraktivität als Lebenspartner. Dabei könntest du sogar noch spezifischer werden und dich entweder nur auf deine äußeren oder auf deine inneren Qualitäten beziehen.

Oder du schaust dir das Thema an, was du alles tun oder nicht tun musst, um für andere Menschen interessant zu sein. Dabei kannst du sogar noch unterscheiden, in welcher Kategorie du interessant sein möchtest. Wenn du dein Glückspotenzial in deiner Partnerwahl erweitern möchtest, dann nimm diese Kategorie. Es ginge also dann um das Interessantsein für Menschen, die du gerade kennen lernst.

Wenn du hingegen nach dreißig Jahren Ehe für deinen Partner immer noch interessant sein möchtest, dann nimm dieses Thema mit in den Neubeurteilungsprozess.

Je feiner das Thema bei diesem Prozess definiert ist, desto durchgreifender wird deine Persönlichkeitsveränderung sein.

Ich möchte noch einmal daran erinnern, täglich nicht mehr als eine bis maximal zwei Neubeurteilungen zu machen. Wie ich bereits erwähnte, durchläuft dein Gehirn dabei Tausende von neurologischen Prozessen. Dafür benötigt es Zeit und Energie.

Um ein gutes Gefühl dafür zu bekommen, wie intensiv du an deiner Persönlichkeit arbeiten solltest, möchte ich eine weitere Neubeurteilung vorschlagen. Es geht dabei um die Frage, wie viel du für dein zukünftiges Glück tun solltest, damit du die Glücksmomente, die dir jeden Tag hundertfach begegnen, auch wirklich noch wahrnehmen kannst.

Schauen wir uns die beiden Extreme an, zwischen denen wir einen gesunden Kompromiss suchen:

1. Du könntest nur noch im Hier und Jetzt leben und die Glücksmomente auskosten, die dir bereits in deinem Alltag begegnen.
2. Du könntest unentwegt daran arbeiten, immer mehr Glücksmomente in dein Leben zu ziehen.

In der ersten Variante würdest du dein Monatsgehalt, sofern du überhaupt eines hättest, innerhalb von ein paar Tagen verschleudern. Die Zukunft würde dich nicht interessieren. So würde es dich auch nicht interessieren, ob du einen Partner hast, dem du treu sein möchtest. Stattdessen würdest du deinen Gefühlsimpulsen kurzfristig und unüberlegt folgen und damit deine Beziehung aufs Spiel setzen. Menschen, die auf diese Weise ihrem Gefühl folgen, haben sehr selten dauerhafte Beziehungen. Sie haben im Grunde genommen gar nichts Dauerhaftes!

Ihre Entscheidungen sind nicht darauf bezogen, dass sie möglichst viele Glücksmomente nach sich ziehen. Sie sind nur auf momentanes Vergnügen ausgelegt. Die Folge: Das Leben dieser Menschen wird an Glücksmomenten kontinuierlich immer ärmer.

In der zweiten Lebensweise würdest du hingegen dein Leben durch deine Entscheidungen permanent um potenzielle Glücksmomente erweitern. Dummerweise würdest du sie jedoch nicht mehr genießen können. Du würdest rund um die Uhr arbeiten, um weitere Glücksmomente ins Leben zu ziehen. Deine Lebensphilosophie würde ähnlich lauten wie: „Wer stirbt und hat am meisten Geld gehabt, der hat gewonnen!“ Dazu, dein Geld zu genießen, kämst du jedoch nie.

Ein gesunder Kompromiss zwischen diesen beiden Lebensweisen scheint also angebracht. Auf der Suche nach diesem Kompromiss stieß ich auf eine einfache Grundregel:

„Arbeite nur so intensiv daran, weitere Glücksmomente in dein Leben zu ziehen, wie du Energie genug hast, deine Glücksmomente in der Gegenwart zu genießen.“

Bevor ich mit dieser Grundregel in die Neubeurteilung ging, war mir meine Zukunft wesentlich wichtiger als die Gegenwart. Damit war mein alltägliches Glückspotenzial sehr begrenzt. Ich war oft viel zu erschöpft, um das Leben, das ich mir mittlerweile aufgebaut hatte, ausgiebig genießen zu können.

Ich möchte dir vorschlagen, mit diesem Thema ebenfalls einen Neubeurteilungsprozess zu durchlaufen. Blättere einfach zur Kurzbeschreibung des letzten Kapitels zurück und frage dich:

„Was wäre in meinem Leben alles anders gewesen, wenn ich alle meine Entscheidungen so getroffen hätte, dass sie möglichst viele Glücksmomente in mein Leben ziehen und ich noch genug Energie zum Genießen momentaner Glücksmomente habe?“

Diese Neubeurteilung wird dein Leben vor allem langfristig sehr bereichern. Ich wünsche dir viel Spaß damit.

Ein weiteres großes Glückspotenzial liegt im Umgang mit Gefühlen begründet. Kaum ein Mensch macht sich darüber ernsthaft Gedanken. Die wenigsten Menschen wissen, dass sie einen gewaltigen Einfluss auf ihre Gefühle haben. Damit überlegt auch kaum jemand, wie er diesen Einfluss sinnvoll nutzen könnte.

Die Natur hat uns in Bezug auf unsere Gefühle mit den verschiedensten Fähigkeiten ausgestattet. Wir können uns zum Beispiel in Gefühle hineinsteigern. Diese Fähigkeit kann uns extreme Glückszustände erleben lassen, wie beispielsweise beim Verliebtsein. Sie kann uns aber auch das genaue Gegenteil bescheren. Wir können uns auch in Zwänge, Sorgen und Ängste hineinsteigern.

Weiterhin hat uns die Natur die Fähigkeit mitgegeben, Gefühle zu verdrängen. Auch mit dieser Fähigkeit lässt sich viel Unsinn anstellen. Sie ist jedoch mitunter auch lebensnotwendig.

Während ich dieses Buch schrieb, ereignete sich in Südostasien eine Naturkatastrophe. Abertausende von Menschen kamen dabei ums Leben.

Viele der Überlebenden verließen nach dieser Katastrophe ihre Heimat. Die meisten blieben jedoch dort. Für diese Menschen gab es zwei Alternativen. Die eine war: Sie könnten jeden Tag und jede Nacht in der Angst leben, dass eine erneue Flutwelle kommen könnte. Diese Menschen würden damit nie wieder glücklich werden – auch nicht, wenn nie wieder eine Welle kommen würde.

Die zweite Alternative bestand darin, diese Gefahr zu verdrängen. Sie haben die Entscheidung getroffen, in dem gefährdeten Gebiet zu bleiben. Aufgrund der Fähigkeit, eine Gefahr zu verdrängen, gegen die man nichts tun kann, sind die Menschen in der Lage, wieder Glück zu empfinden.

Für solche Gefahren hat uns die Natur die Fähigkeit gegeben, Gefühle zu verdrängen. Wenden wir diese Fähigkeit jedoch in Situationen an, in denen sie nicht angebracht ist, tun wir uns damit sicherlich keinen Gefallen. So ist es sicherlich nicht sinnvoll, die Gründe für eine wichtige, aber unangenehme Entscheidung permanent zu verdrängen. Wenn man in der Elefantenscheiße sitzt, hört man nicht auf zu stinken, indem man so tut, als wäre alles in Ordnung!

Es ist also sinnvoll, in Bezug auf das Verdrängen von Gefühlen einen sinnvollen Entscheidungsprozess zu durchlaufen. Wann ist es gut und wann nicht?

Was können wir neben dem Verdrängen und dem Hineinsteigern noch alles mit unseren Gefühlen anstellen?

Wir können Gefühle zum Beispiel an- und abschalten. Sobald wir an etwas denken, entstehen Gefühle. So entstehen beispielsweise Gefühle, wenn wir an schöne Erlebnisse denken. Natürlich entstehen auch unangenehme Gefühle, wenn wir an sehr unschöne Erlebnisse denken. Ob wir daran denken, entscheiden wir jedoch selbst. Wir können diese Entscheidungen also sinnvoll treffen.

Weiterhin können wir Gefühle sinnvoll verarbeiten und ausleben. Jeder kennt die Aussage, man solle seine Gefühle nicht in sich hineinfressen. Was jedoch ist damit genau gemeint?

Viele Menschen lassen zum Beispiel Wut oder Aggressionen niemals zu. Sie versuchen, dieses Gefühl zu unterdrücken. Viel zu negativ wären die Konsequenzen, würde man diese Gefühle ungebremst zulassen, denken viele Menschen.

Was jedoch zu den negativen Konsequenzen führt, ist nicht das Zulassen des Gefühls selbst, sondern die Art, wie man es ausleben möchte.

Wut kann man blind toben lassen und dabei viele Menschen verletzen, die man eigentlich liebt, was sicherlich nicht die sinnvollste Art und Weise ist, dieses Gefühl auszuleben. Die Wut verschwindet leider noch nicht einmal immer, wenn man sie auf diese Weise auslebt. Sie verschwindet nur, wenn man über eine gewisse Schwelle des Gefühls hinausgeht, die man selbst als nicht mehr angemessen beurteilt. Dann tut einem Leid, was man getan hat, und die Wut ist weg. Das ist wie gesagt sicherlich nicht der sinnvollste Umgang mit der Wut.

Ein Gefühl auszuleben heißt nicht, es an anderen auszulassen! Wenn wir wütend sind, dann ist dies unser Gefühl – ein Gefühl, das darauf drängt, dass wir in unserem Leben etwas verändern.

Die Wut sinnvoll zu verarbeiten, bedeutet, sie zu spüren und sich darüber klar zu werden, was man verändern will. Damit man diese Überlegungen auf einer sinnvollen Basis aufbaut, ist es wichtig, als erstes fünf Mal schnell die Welten zu wechseln. In der Zivilisations-Welt kann man sehr viel bessere Entscheidungen treffen und diese anderen Menschen deutlich erfolgversprechender mitteilen.

Ein großes Glückspotenzial liegt darin, seine Gefühle zu verstehen. Wir können uns fragen, was uns ein bestimmtes Gefühl eigentlich sagen soll, wie wir das mit der Wut eben getan haben. Die Wut will uns sagen, dass wir unbedingt etwas an der momentanen Situation ändern sollten. Andere Gefühle haben ähnliche Aussagen.

Die Natur hat uns mit Verstand und Gefühl ausgestattet. Beide Instanzen sollten harmonisch zusammenarbeiten. Viele Menschen sind der Meinung, dass das Gefühl immer Recht hat. Das stimmt nicht! Eine Überprüfung des Gefühls mit dem Verstand lohnt sich immer. Wenn das Gefühl immer Recht hätte, wärst du mit manchen Ex-Partnern nie zusammengekommen!

Natürlich hat auch der Verstand nicht immer Recht. Logisch betrachtet sehen manche Dinge ganz toll aus, wenn es aber dann in die Praxis geht, dann stimmt vieles nicht. Oft erleben wir, dass wir zuvor besser auf unser Gefühl gehört hätten.

Das sollte jedoch wie gesagt nicht dazu verleiten, nur noch das Gefühl zu Rate zu ziehen. Verstand und Gefühl arbeiten am besten, wenn sie beide eingesetzt werden. Und das bestimmen wir!

Ich möchte dir zum Thema „Umgang mit Gefühlen“ eine weitere Neubeurteilung ans Herz legen. Überlege dir, was du deinem Kind über dieses Thema vorleben und beibringen möchtest, und durchlaufe die Übung, die in der letzten Kurzbeschreibung dargestellt ist. Ich selbst habe mir vor kurzem das Thema „Zulassen von Liebe in meiner Partnerschaft“ vorgenommen. Ich dachte mir, ganz egal, wie stark meine Liebe zu meiner Partnerin ist, sie könnte noch stärker sein. Also ging ich in den Neubeurteilungsprozess.

Ich ging also in die Zeit vor meiner Geburt zurück und versetzte mich nacheinander in meine Eltern hinein. Nachdem ich dann an ihrer Stelle durch das Tor zur Zivilisation gegangen war, überlegte ich, was ich als Mutter dem kleinen Bodo über die Liebe und die Partnerbeziehung beibringen würde.

Ich hätte ihm beigebracht, dass er seine Gefühle so richtig intensiv zulassen sollte – und zwar ohne Angst davor, dass er seine Partnerin verlieren könnte. Ich hätte ihn wissen lassen, dass er selbst es ist, der diese Liebe hervorbringt, und nicht die Partnerin. Er kann die Liebe also niemals verlieren, da er sie seiner Fähigkeit zu lieben verdankt. Auch hätte ich ihm bewusst gemacht, dass es nicht nur einen Menschen auf der Welt gibt, den er lieben könnte.

Es gäbe also für den kleinen Bodo keinen Grund, seine Liebe nicht vollständig zuzulassen. Im Gegenteil! Dieses

Glückspotenzial ist das Schönste, was es überhaupt gibt in unserer Welt. Es nicht in vollen Zügen auszuschöpfen, wäre die pure Verschwendung.

Als Vater hätte ich dem kleinen Bodo vor allem die Liebe zu meiner Frau vorleben wollen. Ich wollte ihm anhand der Gefühle zwischen seinen Eltern zeigen, wie schön die Liebe sein kann.

Als ich danach als ich selbst mein Leben an mir vorbeiziehen ließ und überlegte, was alles anders gelaufen wäre, hätten mich meine Eltern in der beschriebenen Weise begleitet, keimten unglaublich liebevolle Gefühle zu meiner Partnerin in mir auf.

Dies war sehr schön, doch auch hier konnte ich die Erweiterung meines Glückspotenzials erst im Nachhinein richtig ermessen.

Es ist unglaublich, wie viel an Glückspotenzial in unserem Leben noch ungenutzt herumdümpelt. Ich habe beschlossen, dieses Potenzial zu finden und es mir zu erschließen. Die beschriebene Neubeurteilung ist für mich ein tolles Werkzeug dazu. Es gibt keine einfachere und schönere Möglichkeit, seine gesamte Persönlichkeit voll und ganz auf Glück einzustellen.

Nachfolgend noch ein paar Beispiele, die sich eventuell für eine Glückspotenzialerweiterung eignen könnten:

Klarheit: Bei den meisten Menschen muss man Hellseher sein, um zu erfahren, was sie gut finden und was nicht. Oft merkt man es erst dann, wenn man gehörig ins Fettnäpfchen getreten ist.

Ich nahm dieses Thema zum Anlass für eine erneute Glückspotenzialserweiterung. Ich ging also in der Rolle meiner Eltern durch das rechte Tor und überlegte, was ich meinem kleinen ungeborenen Sohn über Klarheit und Offenheit beibringen würde.

Er hätte wissen sollen, dass er sehr viel leichter die richtigen Freunde finden würde, wenn er offen und ehrlich sagt, was er denkt, sich wünscht und von den anderen erwartet. Ich hätte ihn verstehen lassen, dass er es seinen Freunden leicht macht, wenn er sich ihnen mit all seinen Wünschen und Ansichten über das Leben transparent macht. Ich hätte ihn verstehen lassen, dass es für alle langfristig sehr viel einfacher und schöner wäre, wenn er offen sagt, was er denkt. Kurzfristig würde es zwar manchen Menschen Probleme bereiten, wenn er ihnen sagen würde, dass er etwas an ihnen nicht gut findet. Doch langfristig würden sie diese Offenheit schätzen – zumindest die Menschen, die wirklich zu ihm passen würden!

Als ich mit diesem Thema mein Leben neu beurteilte, wurde mir sehr deutlich bewusst, dass ich mir selbst und allen anderen Menschen, die mit mir zu tun hatten, letztendlich einen großen Gefallen getan hätte.

Dies war das Hauptgefühl, mit dem ich dann den Rest meines Lebens durchlebte. Überall erlebte ich die

Vorteile meiner Offenheit. Ich fühlte mich durch die positiven Ergebnisse sehr viel selbstbewusster und konnte zu meinen Wünschen stehen.

Ich wünschte mir beispielsweise mit zehn Jahren schon eine Freundin. Doch in diesem Alter fanden die Jungs in meiner Klasse Mädchen einfach nur blöd. Mit denen befreundet zu sein, ging ja gar nicht. Das war das Letzte!

In meiner Neubeurteilung stand ich dazu. Ich zog es einfach durch und erlebte, wie dies in meinem Umfeld für einen Umdenkprozess sorgte. Viele meiner Klassenkameraden dachten nämlich heimlich genauso wie ich. Sie trauten sich nur nichts zu sagen. Durch meine Offenheit machte ich ihnen Mut, ebenfalls zu ihren Wünschen zu stehen.

Ich möchte dir empfehlen, die Neubeurteilung zu einem festen Bestandteil deines Lebens zu machen. Nach wenigen Versuchen benötigst du lediglich noch eine Viertelstunde, um dein Glückspotenzial entscheidend auszubauen – eine Viertelstunde, in der du vom Anfang bis zum Ende viele gute Gefühle genießen kannst. Die Resultate aus dieser Viertelstunde werden teilweise so gigantisch sein, dass du es selbst kaum glauben kannst.

Schau dir die Themen Selbstbewusstsein oder Selbstwertgefühl noch einmal an. Oder schau dir an, was deine Eltern dir über Sex beigebracht hätten. Hier kann man immer etwas verbessern. Auch könnten dir deine Eltern den wirklichen Zusammenhang zwischen Geld und Glück noch einmal näher bringen. Auch hier bietet sich meistens ein sehr großes Glückspotenzial.

Die wichtigsten Persönlichkeitsentwicklungen erzielst du jedoch mit den angesprochenen Details innerhalb der verschiedenen Klassen von Glücksmomenten. Nimm dir jeden Tag ein anderes Detail aus der Glücksmomentklasse des Passens, des Erwünschtseins, der Entscheidungsfreiheit oder des Einbringens deiner Wünsche, Ideen und Fähigkeiten vor. Geh damit durch den Neubeurteilungsprozess. Damit hast du genügend Potenzial für viele Monate Persönlichkeitsentwicklung.

Wenn du weitere Ideen zur Glückspotenzialerweiterung suchst, dann versuche, dich mit deinen Freunden auszutauschen. Gemeinsam kommt man auf Ideen, die einem allein niemals einfallen würden.

Fang jedoch nicht an, nach Problemen zu suchen, deren Lösung du dann als Glückspotenzial betrachtest. Probleme lassen sich viel leichter lösen, indem du fünf Mal schnell die Welten wechselst. Der Neubeurteilungsprozess ist dazu viel zu schade. Er ist dazu geschaffen worden, Glück in dein Leben zu ziehen, das bisher ungenutzt herum gelegen hat. Suche diese Glückspotenziale und hebe damit dein alltägliches Glücksempfinden auf ein Niveau an, das die meisten Menschen sich nicht träumen lassen. Ich wünsche dir unendlich viele Glücksmomente dabei.

Umsetzungs-Support

Die Übungen dieses Buches bauen auf dem Hintergrundwissen auf, das ich in den Büchern „Die Glückstrainer“ und „Glücksgefühle bis zum Abwinken“ veröffentlicht habe. Das vorliegende Buch stellt somit eine konsequente Weiterentwicklung unseres Glückskonzeptes dar. Du hast damit sozusagen gleich die Fortgeschrittenen-Version umgesetzt. Herzlichen Glückwunsch dazu!

Das Lesen der beiden genannten Bücher lohnt sich vor allem dann, wenn du mehr Hintergrundwissen wünschst, oder wenn du auf der Suche nach ungenutzten Glückspotenzialen bist. Die beiden Bücher bilden mit dem vorliegenden Buch eine Glückstrilogie. Sie tragen deshalb auch das gleiche Buchcover.

Ich habe mittlerweile 28 Jahre damit zugebracht, einfache Wege zu Glück und Erfolg zu finden. Seit neun Jahren werde ich dabei von einem immer größer werdenden Glückstrainer-Team unterstützt.

Wir alle haben uns dem gleichen Ziel verschworen: Wir wollen das, was uns in Sachen Glück selbst weitergeholfen hat, an andere Menschen weitergeben – und zwar an so viele Menschen wie irgend möglich.

Wie die Überschrift dieses Kapitels schon andeutet, möchten wir dich während der Erweiterung deines Glückspotenzials weiterhin begleiten. Wir bieten dir dazu mehrere Möglichkeiten an.

Wie bereits erwähnt, findest du auf unserer Website (www.ella.org) einen kostenlosen Support-Service. Du kannst hier Fragen zur Umsetzung stellen, die von unserem Trainerteam umfassend beantwortet werden.

Über diesen kostenlosen Service hinaus ist eine Meditations-CD für den Neubeurteilungsprozess geplant. Wann diese CD genau erscheinen wird, erfährst du über unsere Website.

Dort bieten wir auch Beratungen, Workshops und Seminare an. So wäre beispielsweise eine Trainerstunde bei einem unserer Glückstrainer oder ein spezieller Workshop empfehlenswert, wenn du immer noch Probleme mit dem schnellen Wechsel der Welten haben solltest. Unter fachkundiger Anleitung ist es bisher noch jedem gelungen, die gewünschte Fähigkeit zu erwerben. Ich bin sicher, es wird auch dir gelingen.

Achte bitte darauf, dass die Berater und Workshopleiter, die du dazu aufsuchst, tatsächlich die Bezeichnung „Glückstrainer nach Ella Kensington" tragen. Nur sie sind von uns für diese Prozesse ausgebildet worden und haben unsere hohen Qualitätsanforderungen erfüllt.

Die effektivste und schönste aller Umsetzungsmöglichkeiten, die wir dir anbieten können, ist das Ella-Camp. Es ist eine gelungene Mischung aus Urlaub und Glückspotenzialerweiterung. Hier findest du alles in einem. Wir werden dir im Seminar dein Glückspotenzial aufzeigen, das du dann in den verschiedensten Neubeurteilungs-

Workshops unter fachkundiger Leitung umsetzen kannst. Auch kannst du hier eine Privatstunde mit einem Glückstrainer in Anspruch nehmen.

Das Camp baut darauf auf, dass alle Teilnehmer dieses Buch gelesen haben. Wir können also dort starten, wo du jetzt aufgehört hast! Lass dich überraschen, welche Steigerung deines Glückspotenzials tatsächlich noch möglich ist. Wir freuen uns darauf, dieses Potenzial mit dir zu erschließen.

Neben all der Arbeit kommt natürlich der Urlaubscharakter im Camp nicht zu kurz. Wir feiern Poolpartys, machen Ausflüge, singen Karaoke und lassen es uns auch kulinarisch mehr als gut gehen.

Das Wichtigste am Camp sind jedoch die Menschen, die du dort kennen lernen kannst. Jeder, der schon einmal im Camp war, hat sein Leben mit Freunden dauerhaft bereichert. Im Gegensatz zu „normalen" Urlaubsbekanntschaften bleiben die meisten Freundschaften und Beziehungen, die sich im Camp gründen, auch nach dem Camp erhalten. Das ist kein zufälliger Nebeneffekt des Camps, sondern Absicht.

Wir räumen für die Umsetzung dem Austausch unter Gleichgesinnten den gleichen Stellenwert ein wie einem kompetenten und effektiven Training. Deshalb ist die gesamte Struktur des Zusammenlebens im Camp darauf aufgebaut, dass sich intensive und dauerhafte Beziehungen und Freundschaften gründen können. Du musst also bei der Umsetzung unseres Glückstrainings nicht allein bleiben. Es gibt viele Möglichkeiten, sich mit anderen Gleichgesinnten zusammenzutun. Gemeinsam lässt sich alles sehr viel einfacher und mit viel mehr Spaß umsetzen.

Momentan schießen überall im deutschsprachigen Raum private Ella-Treffs wie Pilze aus dem Boden. Stellenweise kommen mittlerweile fast 100 Leute an diesen Abenden zusammen.

Wenn du Lust hast, dich einem dieser Treffs anzuschließen, dann findest du auf www.ella.org einige Kontaktadressen. Falls es in deiner Nähe noch keinen Ella-Treff gibt, kannst du natürlich auch gerne einen gründen. Es macht mächtig viel Spaß, mit einer Horde von Glücksbegeisterten den Abend zu verbringen! Vielleicht treffen wir uns ja auch einmal persönlich bei solch einem Abend. Ich würde mich freuen.

Ich wünsche dir ein oberabgefahrenes, glückliches Leben und Glücksmomente bis zum Abwinken.

Bodo

Buchbestellung

Alle Ella-Kensington-Bücher sind über den Buchhandel erhältlich. Du kannst sie jedoch auch direkt über unsere Homepage oder bei der auf der nächsten Seite angegebenen Kontaktadresse bestellen.

Die Bestellung über unsere Homepage geht ganz einfach: Einfach nur den Button „Bücher" und dann „Buchbestellung" anklicken und das gewünschte Buch aus der Liste auswählen. Dann nur noch deinen Namen und deine Adresse eintragen, und schon ist das Buch unterwegs zu dir. Es wird noch am gleichen Tag zusammen mit einer Rechnung losgeschickt. Du hast dann zwei Wochen Zeit, den Rechnungsbetrag auf unser Konto zu überweisen.

Genauso läuft es auch mit der Buchbestellung per Fax oder Postkarte.

Bei allen Bestellarten entstehen dir keine zusätzlichen Kosten. Porto und Verpackung gehen auf uns. Die Bücher werden dir also versandkostenfrei zugeschickt. Einfacher geht es nicht!

Kontakt

Informationen über Seminare, Beratungen und das Ella-Camp erhältst du im Internet unter www.ella.org oder bei folgender Kontaktadresse:

Harald Müller
Rehstr. 7
66701 Beckingen

Fax: (0 68 32) 80 13 99
Homepage: http://www.ella.org

Bereits erschienene Bücher

Die Glückstrainer

Wie man bei sich und anderen
die guten Gefühle entstehen lässt

In den letzten Jahrzehnten hat sich die Wissenschaft sehr ausgiebig mit den Themen Glück und Erfolg auseinander gesetzt und ist zu außerordentlich bemerkenswerten Ergebnissen gelangt.

Wer sich diese Erkenntnisse zu Nutze macht, wird bei dem Wettlauf ums persönliche Glück immer die Nase vorn haben. Er wird Glück und Erfolg auf einem Niveau erleben, das nur sehr wenige Menschen überhaupt für möglich halten.

Dieses Buch ist ursprünglich geschrieben worden, um professionellen Trainern und Beratern neue Möglichkeiten aufzuzeigen. Bedingt durch die Einfachheit des Konzeptes wurde jedoch sehr schnell klar, dass es sich ebenso für alle Menschen eignet, die sich selbst und anderen Menschen zu einem wahrhaft glücklichen Leben verhelfen wollen.

Glücksgefühle bis zum Abwinken

Die zehn besten Methoden

Wann hast du das letzte Mal geweint vor Glück? Wann hast du dich das letzte Mal vor Lachen so geschüttelt, dass du nicht mehr wusstest, wo oben und unten ist?

In diesem kleinen, aber feinen Büchlein, sind die zehn effektivsten und schönsten Methoden zusammengestellt, mit denen man sich Glücksgefühle reinschrauben kann, bis einem schwarz vor Augen wird. ☺

Ich wünsche dir beim Lesen den gleichen Spaß, den ich beim Schreiben hatte!

Mary Die unbändige, göttliche Lebenslust

„Das beste Buch der Welt gegen Liebeskummer und schlechte Stimmung", schreibt Bärbel Mohr in ihrem Buch: „Bestellungen beim Universum".

Michael, unsterblich verliebt und von Selbstzweifeln zerfressen, hat nur von einem genug im Leben: nämlich von Problemen. Seine Geschichte und wie er spielend zu einer glücklichen Lebenseinstellung findet, ist verknüpft mit der Geschichte eines Wesens, das aus einer anderen Welt auf die Erde kommt, um das Menschsein zu erlernen. Dabei muss es als Erstes einmal erkennen, dass die Menschen so etwas wie Probleme haben. Es hat keine Ahnung, wie das funktionieren soll, findet es aber überaus spannend.

Mysterio Überlege dir gut, was du dir wünschst! Es könnte in Erfüllung gehen!

Es geht in diesem Buch um ein mysteriöses Internet-Spiel. Dieses Spiel wird von 20 000 Menschen auf der ganzen Welt gespielt. Alle Spieler haben in Verbindung mit diesem Spiel sehr seltsame Erlebnisse. Am Anfang glauben sie, dass alles Zufall sei, was passiert. Später glauben sie, das Spiel habe magische Fähigkeiten. Am Ende erkennen sie allerdings, dass das Spiel nur ihre schöpferischen Fähigkeiten aktiviert hat. Es ist ein getarntes Trainingsprogramm, das zur Nutzung des gesamten menschlichen Potenzials führt. Dieses Spiel wurde von einer höheren Intelligenz in das Internet eingespielt und dient dem Einläuten des neuen Zeitalters.

Die Spieler machen viele übersinnliche Erfahrungen. Sie finden früher oder später auf rätselhafte Weise zusammen und erkennen, dass sie gemeinsam eine bestimme Aufgabe für die Menschheit zu erfüllen haben.

Die 7 Botschaften unserer Seele

Ich bin, was ich erlebe
Ich erlebe, was ich denke
Ich denke, was ich fühle
Ich fühle, was ich glaube
Ich glaube, was ich will
Ich will, was ich liebe
Ich liebe, was ich bin

Joe erhält auf abenteuerlichem Wege Kontakt zu seiner Seele, die er jeden Abend zu den Geschehnissen des Tages befragt. In sieben aufeinander aufgebauten Lektionen bringt ihm seine Seele bei, wie er es anstellen kann, jeden Tag in seinem Leben zu einem Tag reiner Freude werden zu lassen.

Die Kammer des Wissens

In nicht allzu ferner Zukunft leben die Menschen im Inneren der Erde. Die Erdoberfläche wurde bei einem atomaren Krieg für alle Zeiten unbewohnbar gemacht. Nur einige Millionen Menschen überlebten.

Ronja wird in unsere Zeit zurückgeschickt, um diesen Krieg ungeschehen zu machen. Doch es kommt alles anders als geplant. In einem dramatischen Wettlauf gegen die Zeit sucht sie zusammen mit zwei Gefährten nach der legendären Kammer des Wissens. Nur mit dem Inhalt dieser Kammer kann der Krieg verhindert werden. Dummerweise nützt dieser Inhalt jedoch nur etwas, wenn die drei es schaffen, nur noch glückliche Emotionen zu haben. Für diese Suche und das Erreichen ihrer glücklichen Emotionen haben sie genau eine Woche Zeit!

Auf ihrer Suche stoßen die drei auf ungeheuerliche Wahrheiten über den Aufbau unserer Wirklichkeit – Wahrheiten, die alles in den Schatten stellen, was sie bisher über das Leben glaubten.

Die Wahrheiten, auf welche unsere drei Titelhelden stoßen, entsprechen den Erkenntnissen der modernen Naturwissenschaft. Diese Erkenntnisse legen nahe, dass wir uns das Leben in vielen Bereichen erheblich leichter machen könnten.

In die Geschichte dieses Buches sind wahre Begebenheiten eingeflochten.

Dem Leser bietet dieses Buch die Möglichkeit, sowohl in ein neues Verständnis der Welt als auch in die Geheimnisse wahrer Liebe und eines glücklichen Lebens einzutauchen.

Mein Weg zum Glück

Dies ist das erste Ella-Kensington-Buch, das nicht meiner eigenen Feder entstammt. Thomas Klüh, Teammitglied bei Ella Kensington, hat seinen Weg zum Glück in diesem Buch dokumentiert. Dem interessierten Leser ermöglicht das Buch, diesen Weg nachzuempfinden und gleichsam mitzuerleben.

Thomas beschreibt anhand seiner eigenen wahren Lebensgeschichte, wie man von einem Leben voller Ausgrenzung und Ablehnung zu einem Leben voller Liebe und Glücksgefühle kommen kann.

Da diese Geschichte absolut authentisch geschrieben wurde, ist sie für den Leser leicht nachvollziehbar. Man findet sich ständig selbst wieder. Somit werden schon beim Lesen Gefühle geweckt, und man ist offen, die Erkenntnisse aufzunehmen. Man ist dadurch bereit, wirklich von Herzen „Ja" zur Liebe und zum Glück zu sagen.

Nach der Lektüre dieses Buches befindet sich der Leser auf dem Weg zu einem immer glücklicheren Leben!